療癒原生家庭創傷

那些過去不是你的錯，4步驟清理原生家庭的影響，實質改善當下和未來的生活

U0135625

維耶納·菲倫
VIENNA PHARAON
著

林步昇 譯

THE ORIGINS OF YOU

HOW BREAKING FAMILY PATTERNS CAN LIBERATE
THE WAY WE LIVE AND LOVE

CONTENT

推薦序

踏上自我療癒之路，
陪自己慢慢找回力量

臨床心理師　蘇益賢

不知讀者有沒有過這樣的經驗，你可能會在做出一些對自己不利的行為後，又問自己：「我到底是怎麼了？我為什麼要這樣做？」

所謂的不利行為，例如你不知道為什麼又跟別人吵架，而後發現自己默默開始暴飲暴食、瘋狂血拼好一陣子；或者，在關係慢慢發展而穩定的時候，你突然「感覺不對勁」，你痛苦地推開那個其實對自己很好、很愛你的人，只因為你心中一直隱約覺得「不可能是我」、「我不值得被愛」……

這些個案時常「搞不懂自己」的場景，其實是諮商室常出現的主題。

從表面來看，這些行為明明對一個人沒有好處，矛盾的是，這類行為卻十分常見，不管案主是來自哪一種背景、職業、性別、年齡。

不同學派或訓練背景的心理師們，會從不同角度陪著個案去

抽絲剝繭，試著釐清這些行為背後的來龍去脈。不過，多數助人者們都會同意：這些明明對自己不利，卻仍持續發生的行為，背後多少與一個人在成長過程中所受的傷有關係。看見這些傷、理解與處理這些傷，可能是產生改變的關鍵。

這正是本書希望陪著讀者一起走下去的路。作者認為：過去其實尚未「過去」，它會不時出現在人們此刻的生活中。若想要改變某些讓自己困擾的行為、去調整某些持續出現的模式，往過去找資料會是重要的第一步，特別是在我們成長的家庭，藏著不少這類線索。

我常跟個案使用的比喻是「心理瘀血」。那些在成長路上、在家庭裡受過的傷，不管傷口大小、不管是誰造成的，其實是非常普遍存在的。只是，我們可能沒有意識到這件事。於是，就不知不覺變成了大人。那些傷口也來不及去照顧，本來以為它癒合了，某些時候又發現它沒有全好，留下的便是心理瘀血。

作者在本書逐步帶領我們探索這些瘀血的過往，並提出四個溫柔的步驟：命名、見證、感受與轉向，不但提供讀者一個明確的方向，也把抽象的「自我療癒」轉變成具體可行的邀請。

此外，本書不但可以幫助我們釐清「本來不那麼認識的自己」，更可以幫助我們認識「你本來不那麼認識的另一個人」。他可以是你的家人、父母、伴侶，乃至於你的朋友。畢竟，在成長路上受傷的經驗，可能比我們所想的還要普遍。

在理解過往傷口的時候，我們很容易不小心陷入受害者的思維裡。作者除了給予我們滿滿的同理之外，也鼓勵讀者們，我們可以負起責任，主動扛起跨出去和產生改變的重擔。我們已經不

再是過去那位小孩，而是一位長大，可以有力氣、空間與勇氣做出改變的大人。

依循本書引導就像是疏通淤血的過程，時不時仍會有些痛楚，但隨著瘀血慢慢退去，痛楚的感覺也將會轉變。我們將發現自己得以不再為某些行為或模式所困，而能活出一個自己更嚮往的人生。

在閱讀過程中，也想邀請讀者們慢慢來，一步一步穩穩地走。當你有點累了，不急著往下讀，陪自己休息一下、消化來自過往情緒的重量。當你覺得自己快招架不住的時候，讓專業的心理師陪你走一小段路，也是值得參考的作法。

祝福讀者都能在這趟自我療癒的路上，慢慢找回自己的力量。

（本文作者為初色心理治療所副所長，

心理師想跟你說共同創辦人）

推薦序

進入原生故事，學會駕馭苦惱之浪

臨床心理師　杜家興

　　我好喜歡用治療案例故事來更認識一個人，以及看見自己會有和曾有過的內在世界與心路歷程。我也愛在夜深人靜、窗明几淨的書桌前，或是陽光灑落下的大片玻璃窗下，沉浸地閱讀和想像，甚至模仿書中治療師那種很溫柔、很貼切內心、很有療癒力道的話語。

　　閱讀本書的過程中，作者的觀念、方法，以及許多關鍵時刻裡所說的話語，每每能觸動我的內心，也很符合我執業將近三十年的心理治療經驗。所以常常浮現一種幸福感，慶幸自己能夠沉浸並領受到這樣深入人心、回顧生命歷程的來龍去脈、展現人性前進與成長的故事敘述中。

提起勇氣進入困境，讓內心變得更靈活

　　多數人進入心理諮商與治療時，往往高度聚焦在眼前的問題上，經過多次會談之後才注意、開始承認、願意相信過往生命經驗對自己當前問題的影響。這樣的治療效率也使醫療院所的心理

治療大排長龍。

　　我發現，只要能夠意識到，然後保持覺知，就能在生活中不斷克制舊有模式，並探索與使用不同的新互動方式，從而削弱舊有反應模式與相關的神經迴路，形成且強化新的反應模式和神經迴路。

　　我很喜歡作者提供的療癒智慧和練習活動，也就是四步驟「原生療癒練習」，即「命名」創傷、「看見」創傷、好好面對「悲傷」，最後當傷口開始癒合，再「轉向」全新的行為和選擇。

　　為了促進心理治療的進程，我參考國外的階梯式模型作法後，在我工作的醫院安排一個流程，讓所有尋求心理諮商與心理治療的個案都先接受一堂以團體形式進行，名為「心理諮商與治療前的評估與說明」的課程，主要內容是協助個案們一起釐清與探索自己的主訴與困擾清單、家庭圖、困擾關係圖、以生命線形式展開的成長經歷圖、重要關係排列圖（一定會包含父母在內；作法是運用圓形的吸鐵或瓶蓋，在圓形平面處畫上一個直線線段代表鼻子，透過距離和鼻子方位來呈現家庭和重要關係的狀況）。

發現家庭傳家寶

　　「我就只是想要得到他們的肯定和惜惜（台語發音 sioh sioh，疼惜之意）而已啊，為什麼男友或母親，就要說我不夠堅強、耍脾氣，到底是我不穩定，還是他們有問題啊！」

　　如作者所言，「談感情、交朋友、當父母時，幾乎肯定會注意到自己重複了童年經歷的創傷。父母的創傷成了我們的創傷，

而我們的創傷又成了小孩的創傷,這是人之常情,但並非無法避免。」許多心理層面的困擾和問題來自於關係,也是從日常生活中的互動過程中,塑造了一個人獨有的性格特徵,只是一般人過於強調眼前的事情,或是非對錯的邏輯推理。

「原來我每次想跟男友撒嬌的時候,大都是我感到孤單寂寞的時候,是小時候那種被父母忽略、被妹妹搶走大家對我關注所累積的失落與害怕……」

這些由生命歷程塑造出的性格特徵,反映在身體感覺、心理感受、頭腦想法、行為模式的風格上;我會引導個案去學習理解這些都是「每個家庭獨有的傳家寶」。

「看見」內心困擾和成長經驗、原生家庭之間的緊密關聯

一位個案氣憤地說:「我原本認為是我遇人不淑,是那個負心漢的錯,只有他上刀山下油鍋才能解除我心頭之恨……」,後來她在「心理治療前的評估與說明」課程尾聲時感慨地說,「這一堂課,讓我『看見』小時候家裡相處經驗累積下來的痛苦,原來對我的感情生活產生這麼巨大和明顯的影響,我卻一直忽略。」

她在第一次治療時剪去了秀麗的長髮、頂著三分平頭,並且離開原本的工作場域,宣告她向內改變的決心。後續治療中,個案不斷地「關注、看見、寬容、照顧與調整」自己的心境與待人處世方式。八個月後,在我們兩人都同意之下結束了這段心理治療旅程。

　　人類的成長與改變，猶如來回擺盪的鐘擺、不斷來回循環的向上螺旋。順著一個完整的架構，終究會來到目標與治療旅程的終點。

　　我很喜歡這本書的方法和寫作方式，樂於推薦給對夫妻關係、親子關係、情感與婚姻關係感到困擾的人們，或者正在接受心理諮商或治療的個案，甚至推薦給想要精進心理療癒能力的夥伴們。

作者的話

我之所以能完成這本書，實在要感謝許多了不起的人；在密切合作的過程中，他們勇敢地分享了自己的故事，真的是我莫大的榮幸。而我的首要之務，就是隱去所有個案的身分與足以辨識的細節。在少數情況下，我把不同個案的面向合併成一個例子，無損故事本身的精神，我也確保任何修改仍然尊重當事人的經歷。

另外要特別說明，第 7 章「我想要有安全感」涉及施暴、自殺等嚴肅的心理健康議題，請謹慎閱讀。

最後，雖然我希望你在閱讀過程中產生共鳴，但本書必然有所侷限，無法包山包海。每個人面臨的改變並不相同又困難重重，因此你從本書所獲得的體悟，有時可能會顛覆你原先的認知，或把全新的互動方式帶入自身家庭中。

你可以尋求心理師的支持，協助你修補關係中的裂痕；努力想療癒創傷的人格外需要心理師的陪伴，因為過程中往往需要運用更深入的方法。如果你經歷過創傷或複雜創傷，主動諮詢了解創傷的臨床專業人員，便可能帶來莫大助益。

前言

拾起一地碎片，
化成勇敢前進的力量

我年僅五歲時就家庭破裂，自此在心上留下一道傷痕，主宰我未來多年的人際關係。

有好長一段時間，我一直不願正視自己的過去對於人生產生的種種影響。實際上，假如沒有心理學的訓練、對於創傷長期影響的實務知識，以及對於人際關係的深刻好奇心，我說不定永遠無法完全理解童年事件的重要性。經過多年的努力後，我終於明白塵封往事帶來的衝擊，也開始主導自己想在關係中呈現的樣子，這些都是我想要藉由本書與你分享的寶貴經驗。但我好像有點跳太快了，先從頭開始吧。

首先要從我的童年說起。

一九九一年，某個陽光明媚的夏日，我正努力把一只細細的金手鐲打造成時尚的耳環，活脫脫就是急著想長大的小孩。我聽到緊閉房門外，傳來爸爸的吼叫聲。我小時候很害怕看到爸爸發飆。

　　他是那種經常會主宰現場氣氛的人，渾身散發出的權威和霸氣令人心驚膽顫、無法違抗。我原先對於手作珠寶的喜悅，當下也立刻消失。

　　「你要是離家出走，就別給我回來！」他對我媽媽大吼。

　　這句話深深地刺痛了我。我沒聽過爸爸如此飆罵媽媽，他理應像我一樣愛著媽媽才對，此時居然脫口而出「你要是離家出走，就別給我回來！」

　　不出幾分鐘，媽媽便衝上樓，催促我立刻打包行李。我還沒來得及消化剛剛發生的事，只知道我們要離開這個家了。

　　我們在路上接了外婆，一同前往紐澤西海岸。我記得自己還在浪中玩耍、建造沙堡，可能還在回家路上央求媽媽停車買冰淇淋。當時我還沒有意識到，這次的「家」可能是指別的地方了。送外婆回家不再只是暫時停留，而是我們的目的地。

　　我們抵達外婆家後，稍作安頓休息，畢竟在太陽下奔波一天了。沒多久，電話響了起來。雖然那時還沒有來電顯示的功能，但想也知道電話另一頭是誰。爸爸劈頭就要跟媽媽講話，但外婆曉得不應該把電話交給她。過了幾分鐘，我們全都跑到鄰居家，根本沒辦法思考，只有時間逃跑。

　　大約十分鐘後，爸爸和叔叔開車停在外婆家的車道上。我們遠遠地看他們猛敲前門、繞著房子走，設法一窺屋內動靜。媽媽的車還停在那裡，可見我們就在附近。我記得當時小心翼翼地從窗台往下窺探，想看看隔壁的狀況。從這個距離，爸爸和叔叔只剩小小的身影，但我仍然感受得到他們的怒火。

　　我很想開口叫爸爸，卻又無比害怕。我和媽媽躲在一起，驚

懼不安，同時心想：「爸爸，我人就在這裡。」

幾分鐘後，警察開進外婆家的車道。

我聽到媽媽語帶恐懼，叫我一起躲進衣櫃裡。我心想：「真的來了！」媽媽不准我透過門縫偷看。接著，一陣熟悉的敲門聲劃破空氣而來，鄰居打開門，門前站著兩個怒氣沖沖的男子與數名警察。警察一邊問問題，爸爸和叔叔一邊厲聲指控，他們知道我和媽媽在裡面，但鄰居不讓他們進屋。

我聽到外頭的聲音愈來愈激憤，我默默祈禱：「我一定想得出辦法的！但是要怎麼阻止他們呢？我只希望他們都能好好的。」

但我根本不可能讓爸媽都滿意，不可能同時選擇他們，只要聽其中一個人的話，就一定會傷害另一個人，或讓另一個人失望，至少我是這麼相信。根本不可能阻止他們爭吵。

在整個過程中，我和媽媽都緊緊握著彼此的手，動也不動地待在衣櫃。

雖然當時的我不知道如何形容那種心情，但就在那一刻，我的安全感產生創傷，而當時的我根本不曉得，自己會有好長一段時間走不出來。

＊

我爸媽都盡了最大的努力，仍然無法讓我不受其情緒影響。雖然我的人身安全從未有過危險，但我口中的家正在分崩離析，各種混亂是家常便飯。我看到兩個成年人在面對威嚇時，展現操控、猜忌、情緒爆炸、暴力、控制與恐懼等反應。儘管他們設法

在我面前裝作若無其事，但我全都看到了、感受到了、也跟他們共同經歷了一切。突然間，我的世界變得一點也不安全。理應當作我的避風港的兩個人，因為忙著吵架而一度忽略了我。

我這才發覺，我一定得靠自己打造安全感。

我當起家中的和平大使，想要撲滅這場情緒烈焰，維持家庭的正常運作。這對一個五歲小孩來說，可不是件輕鬆的事。我當時不知道這其實不是我的責任，只是一股腦地想要幫忙。我展現一流的演技，認定自己必須時時刻刻都不讓人操心，否則會對爸媽造成太大的壓力，所以我把「我很好」掛在嘴邊，只為了不要增加他們的負擔。我一心想要討好爸媽、說我覺得他們想聽到的話，卻從來沒有表達自己的喜好，只會在一旁附和他們。我成了毫無個人需求的小孩，凡事都想表現優異，同時想方設法來減輕爸媽的負擔，或轉移他們當下的注意力。

我的安全感創傷（後文會再詳細說明）一直沒有處理，卻又一再地被傷害，繼續在潛意識中主宰我的生活。我隨時保持警覺、隨時準備要撲滅可能出現的大火，導火線也許是我爸媽、朋友、或自己的伴侶。但長期下來，我反覆勉強自己擔任和平大使、又誤把心力放在讓一切正常運轉，累積的影響需要多年才能好好消化。我就像變色龍一樣，學會壓抑、縮小、放大和扭曲自己與個人經驗，全都是為了討好他人，這是我後來需要拼命戒除的習慣，否則就無法建立真實的關係。

我愈來愈懂得不讓爸媽的狀況發生在我身上，結果卻重現了我所恐懼的一切。我看到媽媽被爸爸控制，深怕自己也被人控制，卻導致我控制起自己。我討好他人、渴望證明自我價值，戴

上堅強的面具、隱藏真實的自己,也阻礙了真正的連結。我外表冷靜、處變不驚的形象,讓我無法表露真正的感受,或要求他人滿足我任何需求。我的私人關係和工作關係都遇到困境,陷入了我曾發誓絕不重複的慣性。

我剛開始心理諮商時,絲毫沒有發覺上述問題。當時我堅信自己只需要「改善關係中的溝通方式和解決衝突」。因為我發現,自己與生活中遇到的所有人,包括朋友、同事,特別是約會對象,常常莫名奇妙地發生衝突,但不知為何,我以前從來沒想過這些挫敗和困難,可以一路追溯回童年,由單一事件所觸發。我告訴自己:「我撐過來了,我維持了家庭的和睦。」

但在內心深處,我其實清楚得很。潛在的問題(矛盾的真正根源)來自那充滿恐懼的一天,來自我的原生家庭和伴隨而來的安全感創傷。唯有開始透過原生家庭的視角來探索自己時,我才終於開始走出困境。

✳

突然間,這個全新觀點讓我的生存與生活方式都說得通了。我明白原來數十年前的單一經驗,竟然對我產生了深遠的影響。過去,我無視那個破壞我安全感的原始創傷,迴避伴隨而生的痛苦,結果就是我凡事都盡量低調,以免額外造成家人或日後每段感情的壓力。

問題癥結點:我努力不給他人增添壓力,卻替自己帶來更多痛苦。長大成人後,我戒慎恐懼地因應衝突,不去正視創傷的源頭,到頭來卻在自己的關係中卻遍體鱗傷;而我的另一個防禦機

制，也就是戴上從容又處變不驚的人格面具，也同樣不管用。我愈想避免痛苦、讓自己覺得「安全」，愈是造成反效果。我隱藏了真實的感受、未能接納自己的需求或表達自己，結果只是在壓抑情緒衝突，問題卻在其他地方浮現。迴避內在的痛苦和創傷，甚至沒有看見內在需要關注的部分，我其實是拒絕自我療癒的機會。

幸好，我在辛苦地探索自己的內在，加上十五年來擔任婚姻暨家族諮商心理師、與數百位客戶共同努力後，明白一切不必如此。即使我們在童年時期受到傷害，也不代表我們註定要重複這些固有模式。如果我們稍微停下腳步、設法了解這些創傷的源頭（即我們的原生故事），花時間做出不同的選擇，就能促成效果強大的療癒。實際上，只要我們願意好好看清楚，這些生命經驗就可以成為療癒的方向。

我至今已進行超過兩萬小時的個案諮商工作，同時經營Instagram 社群，每天與七十四萬人對話互動。在本書中，我分享了自己的故事與個案的故事。個案都是化名、故事細節也經修改，以保護個人身分的隱私。但分享這些生命經驗的用意，是希望引發你的反思、幫助你真正看清自己和他人。我希望協助你探索自己的原生家庭、替創傷命名、了解創傷如何導致不健康的行為，最終學會如何在現今生活中建立健康的關係，並且加以維持。

本書會教你如何把眼光放遠，不只看到我們在諮商界所謂的「呈現問題」，即希望諮商可以解決的問題，還會要你去探索和理解個人信仰、行為和慣性的源頭，以及原生家庭如何產生影

響。我們身上既扯後腿又讓人氣餒的慣性，多半源於童年時期受到的創傷。唯有理解自身的「原生創傷」，以及伴隨而來的長期有害慣性，才真正有助於因應現今困擾你的衝突和行為。

一切都要從我們的原生家庭著手。這是我們與他人、自己，以及周遭世界建立關係的基礎。你在童年的關係，無論是否有人陪伴、情感的忽視，或是過度緊蹦，都會影響你看待當今生活一切的方式。你的原生家庭也許向來發揮功能、偶爾發揮功能，或鮮少發揮功能，但無論如何都不可能完美。也許你渴望從原生家庭得到的東西，原生家庭沒辦法給予或未能適時給予；也許你需要受到保護，原生家庭卻沒有察覺危險（或視而不見）；也許你希望獲准來感受、體驗某些事，原生家庭卻認為這可能侵害其感受與經驗而拒絕。

許多來找我諮商的個人或伴侶所遇到的關係難題，大部分都是過去關係中懸而未決的痛苦和創傷，其中又以原生家庭內的傷痛特別多。因此，我才會把個案諮商稱為「原生療癒工作」。

原生療癒工作結合了家庭系統*工作和心理動力理論，而基礎正是整合系統療法，即我在西北大學接受婚姻暨家族諮商培訓時學到的方法。我們尋找當下自身行為、與從小到大家庭系統的連結，同時看到個人在周遭更大系統的脈絡中辛苦因應的議題。

本書 Part1 會提到，假如不進行原生療癒的工作，痛苦和創傷往往難以解決，即使你想方設法迴避痛苦的過去，像是搬家搬得老遠（心理學家芙瑪・華許〔Froma Walsh〕博士稱作「地理

---

* family system，亦譯成「家族系統」。

療法」〔the geographical cure〕），或與傷害自己的家族成員斷絕關係，通常也無濟於事。如果你想要療癒創傷，內在就必須真正釋懷，而釋懷就需要理解和覺察你揮之不去的原生創傷。

至今，我還沒有遇過未背負任何原生創傷的人。在本書中，我們會探討五類常見的創傷，你也可能會在自己身上發現不只一類創傷。也許你在成長的過程中，難以感受到自己值得被愛；也許你老是缺乏歸屬感；也許你覺得自己無足輕重，所以才不被當一回事。也許你難以信任身邊最親近的人；也許你的身心都缺乏安全感。

替你的原生創傷命名，正是邁向療癒的第一步。在 Part2 每一章中，我們會探討特定創傷的源頭、你學會哪些有害的方式來應對創傷，還有分享一些療癒的故事。接著，我會引導你展開自己的「原生療癒練習」（Origin Healing Practice），透過四個步驟，包括命名創傷、見證創傷、感受創傷（沒錯，我們要練習表達感受），再加以轉向，進而推動長期的改變，才不會在成年關係中不斷重複你努力想打破的慣性。如果你準備好停止重演與生命中重要親友的有害互動，就一定會想去關注這個療癒練習。你不可能對自己的痛苦置之不理。無論你再怎麼討價還價，想要開創一條前進的道路，就不能迴避原生創傷。正如一句諺語所說，唯一的出路就是往前走下去。我在此就是要陪伴你走下去。

一旦你更深入了解自己的原生創傷，就會開始看到這些創傷與你在家庭系統中習得的慣性，方方面面都影響你現今關係中的行為。在 Part3，我們會具體探討你過去如何學會溝通和因應衝突，以及你對於「界線」認識的多寡。隨著我們更了解你過去的

慣性，我會幫助你調整溝通、爭執與設立界線的方式，實現更健康的人際互動、也更貼近真實的自己。

　　你發覺自己陷入固定反應或有害的慣性時，就慢慢養成習慣向自己提問，這樣就能以不同方式理解正在發生的事。你不能只曉得為何自己一次又一次地選擇相同類型的伴侶，也不能只知道為何自己會有這樣的反應。原生療癒工作也包括尋找一條前進的道路，讓你可以實踐「已知」，帶著慈悲、理解和同理心，幫助自己和他人重拾遺失的碎片。我們會專注於療癒過去，但也會按部就班來打破、改變害你困在當下的固有模式（programming）和制約（conditioning）。

　　這個過程中會有許多提示、練習和引導式的冥想，方便你循序漸進去實踐。你會開始釋放破壞關係和生活的不良慣性和行為。你也會採取明確的步驟，踏上療癒和自我探索的道路。

　　在此我要特別澄清一下。這項療癒工作並不是要與父母、照顧者、或擔任親職的成年人一刀兩斷（在本書中，我主要使用父母、照顧者或成年人這些名詞，但請你把這些名詞替換為你成長過程中其他親職角色）。實際上，我在諮詢個案時，絕對不會妄加指責或歸咎任何人。這項工作需要了解脈絡，也要盡可能帶著慈悲和溫暖。我們要記得，照顧者過去也有著豐富的生命經驗，也是由不完美的家庭系統和原生故事所構成，這些都奠定了他們生命的基礎。

　　儘管我們探索的重點不是要抨擊他人，但這也不代表我們要替有害的行為找藉口。我們的探索是為了看見且命名個人經驗，而不是加以淡化或否定。我們的家人也許按照自己所知已盡了最

大努力，但仍然可能力有未逮。即使為過去的有害經驗找到解釋，你依然需要進行療癒和練習。

你的故事絕對不同於我的故事，也絕對不同於你鄰居的故事。也許你面臨的創傷事件數量多過大部分親友，也許你很慶幸自己的故事不算太糟糕。無論你認為自己落在光譜上哪個位置，你的故事都需要自己溫和且有意識的關注。

你的任務是命名、看見、感受，並且認識原生家庭對你的影響，再把這分覺察和理解當成引領前路的一盞燈，促進健康且長久的改變。這件事並非一朝一夕就能完成，你會持續更加了解自己、伴侶與原生家庭。不同的年齡也會對不同事件有著強烈反應，留意那些仍然需要你關注的悲傷感受，你也許會一次又一次地遇到受傷的內在小孩，渴望你能看到、你能見證、你能同理與陪伴。

※

原生療癒工作不只開拓我個人前進的道路，也是我每天與個案共同努力的事。這帶來了改變的機會（整合身心的長期改變），協助你擺脫困境、重拾信仰、回憶起原生家庭帶來痛苦和創傷之前的真實樣貌。

我認為前進的道路不只有一條，也相信這個地球有多少人口，就有多少條道路可走。但我很肯定的是，自己開始透過家庭系統的視角探索原生故事時，我的生命和生存方式開始說得通了，而療癒成為我可以接受的出路。

我不再選擇會再現童年創傷的同類伴侶，改為選擇也致力於

捲起袖子、與我共同奮鬥的伴侶。我對於感情的看法開始逐漸軟化：

◆ 我不再需要一直表現得堅強，而是有能力敞開自己的脆弱，也認清生活中哪些人值得看到我最真實又脆弱的一面。

◆ 我不再需要擔任和平大使、老是先討好他人，而是學會尊重自己，即使這會讓人失望也沒關係。

◆ 我不再設法強迫他人改變、走不同的道路、或意識到生活中的磨難。我選擇接受他們原本的樣貌，進而改變自己如何看待他們「不改變」的事實。

◆ 我不再需要掌控一切，而是學會信任有人可以引導我、不會占我便宜。

　　我們的原生故事往往美麗又複雜，伴隨揪心的痛苦。我爸媽於一九九一年十一月正式分居，我和我媽在一九九二年五月搬家，展開一段長達九年的離婚訴訟，當時是紐澤西州史上拖延最久的離婚程序。那段時間，我得消化大量恐懼與悲傷，不過後來爸媽的關係大幅改善，如今他們已成為朋友。我花了好多年整理和反思那段時間內接收到的各種資訊。現今，身為一位諮商心理師，我運用的許多技巧都可以直接回溯到過去我調停爸媽衝突、撫平關係裂痕的多年經驗。正如我的同事兼摯友亞歷珊卓・索羅門（Alexandra Solomon）博士所說：「我們的創傷和天賦是好鄰居。」這個美麗的比喻提醒了我們，有些卓越的天賦確實脫胎於我們所忍受的苦痛。

　　然而，這個故事有幸福的結局。貼近自己的原生故事不僅僅

是練習了解自己、了解原生家庭，或回顧過去的事件，而是帶來療癒的機會，對於你自己、上一代與下一代都是如此。正如家族諮商心理師暨作家泰瑞・里爾（Terry Real）所說：「家族失能一代傳一代，就像森林大火摧毀一切，直到其中一代有人勇敢轉身面對火焰，不僅安撫歷代祖先，也能保護後代子孫。」你願意面對火焰嗎？

你可能在諮商領域耕耘了數十年，或諮商對你來說並不受用；你也許探索過家庭系統，或這是你第一次嘗試思考；你可能有大量的童年記憶，或難以回想起任何事，因為有時記憶太過痛苦而消失，但你仍然可以有感受。真正重要的是你抱持開放的態度，願意探索、感受、看見那些可能難以看見、接納或承認的事。真正重要的是你在閱讀本書時，好好地覺察自己的狀況，決定是否需要繼續往下讀或休息片刻。

本書的使用方式完全由你決定，沒有對錯之分。你可以選擇與自己的諮商心理師共讀這些章節，也可以選擇獨自閱讀、好好陪伴自己，反思內在湧現的一切；你也可以選擇與伴侶、家人或朋友共讀，當成展開對話的一種方式。

無論你選擇的方式為何，你想必是在追尋著什麼才會打開本書，也許是因為你背負著需要關注的事，或是因為你厭倦了身上的重擔、陷入了消耗心神的慣性，加上期盼改變的初衷不斷落空的疲憊。我看見了、也聽見了，我自己就是過來人，很高興能在你艱苦奮鬥時與你並肩前行。

在療癒的道路上，探索原生故事等於跨出勇敢且了不起的一步。我們開始吧。

Part 1

探索你的原生故事

1

過去造就了現在

那張個案登記表上填寫的資料不多,只有姓名、年齡和簡短的主訴問題:

> 娜塔莎·哈里斯,三十八歲
>
> 我需要釐清另一半是否值得託付終生。我其實一直都抱持著疑慮,現在覺得沒辦法再坐視不管了。可以幫幫我嗎?!

娜塔莎以前從沒接觸過諮商,她的一群朋友好不容易說服她來找人聊聊,因而成為我的個案。對於我們的初次談話,她既緊張又期待。

她說:「我太需要聊聊了,謝謝你抽空見我。我拖了好久才來諮商,心裡明白自己不能再拖下去了,我的姊妹淘也受不了我成天對她們發牢騷了。」她語帶緊張地笑了。

我露出微笑。

「也是啦,同樣的內容一聽再聽,想不覺得膩都難,她們認識我多久就聽了多久。」

「你們認識多久了？」我問。

「喔，我們是從小到大的好朋友，交情好到不行，是我三十幾年來的好姊妹。」

她朋友們聽膩的牢騷，其實不限於當前的伴侶，只要是她認真交往的對象，她幾乎都會有相同的抱怨。

「可不可以說說看，你都跟她們說什麼呢？」我問。

「這個嘛，我大概都會說自己有種感覺，好像什麼事情不太對勁。他們就說我根本是刻意在挑毛病，你懂我的意思嗎？好像我想盡辦法要毀掉一段好好的關係。我不知道……說不定我真的會把好對象趕跑。大家都這麼說，也許真的是這樣吧。」

我可以想像娜塔莎現在腦袋裡的念頭。他人的話語和意見顯然影響她如何看待自己，導致她難以覺察自己的感受、正視自己的認知、釐清自己的真相。

「聽起來，這些朋友對於你在感情中的表現有很多想法。不過，我好奇的是，對於現在的伴侶和感情，你自己真實的想法是什麼？」

「好，克萊德其實是很棒的人。他很聰明、迷人、風趣又有成就，而且非常善良和貼心，你幾乎在他身上看不到任何缺點。大家都覺得他是天菜，還說我終於遇到真命天子了。」

「你自己怎麼看呢？你也覺得克萊德是對的人嗎？」我插了話，把她拉回自己的主觀經驗。

「他是天菜啊。他是不可多得的另一半，也是很棒的人，我真的沒什麼好挑剔的了。我只是覺得哪裡怪怪的，或是總有一天會出狀況。可能有什麼我沒注意到的地方，你懂我的意思嗎？就

像有人會說，好景不常嘛？」

「在你的其他關係中，曾經有好景不常的經驗嗎？」

我忽然轉移話題，讓她滿臉驚訝。

「應該沒有啊。」她回答。

「那你的家中曾經發生過變故嗎？」我繼續問。

她停頓了一下，露出困惑的神情，看著我說：「我真的覺得這跟我的家庭沒什麼關係。為什麼心理師老愛把話題帶到家庭呢？老實說，我的童年過得蠻好的，我覺得沒什麼東西可以挖的。我只想好好搞清楚克萊德怎麼了。」

正是在這樣的時刻，我內心會不自覺地偷笑（純屬善意），然後想起布芮尼・布朗（Brené Brown）在 TED 那場「脆弱的力量」演說中的一段話。她在第一次諮商時，跟自己的心理師立下界線：「不談家庭的東西、也不談童年那些有的沒的，我只需要因應的策略。」

問題癥結點：這項方法對布芮尼沒有效，對你也不會有效。因為無論你是否願意承認，「家庭的東西」和「童年那些有的沒的」正是一切的根源。

好好好，我知道這可能不是你想聽到的話。你可能還會堅持認為，那些很久以前發生的事對現今的你毫無影響。你早就成長蛻變了，對吧？也許你甚至放下了。數十年前的事仍然在主導你的生活？實在難以相信。

但有件事我十分肯定：你的過去造就了許多慣性，足以影響當前的生活。

因此，即使你已蛻變、許多方面都有重要的成長、不再是以

前的自己，你仍然是世世代代傳承中的一個環節。而無論你是否有所覺察，整體家庭系統都會牽引你的人生，程度有大有小。你的過去很可能正在主導你當下的一切；而如果你渾然不知，可能就會倍感煎熬。

親愛的讀者，「過去」相當頑強，你愈想遠離它，它就愈追著你跑、要你關注。你是否納悶過，為何自己三天兩頭地在吵同樣的事嗎？是否納悶過為何自己老是選擇相同類型的伴侶嗎？是否納悶過無論你多努力改變，卻落入相同的反應方式嗎？或是說，為何你內在的糾察隊會一再對你惡言相向呢？這就是過去在逼你關注。「童年那些有的沒的」冥冥中主導著你現今的生活，所以探索自己的過去有利無害。

娜塔莎選擇不去花時間回顧童年，其實這本身就透露了許多事。那個瞬間，我就知道在我們倆共同踏上這段旅程之前，還需要花點力氣。她還沒有準備好，這沒關係。但讓人極為期待的是，她這趟探索家族故事的旅程，終究會挖掘過去與現在之間存在的重要關聯。只要她堅持下去，很快就會開始體認到，她與克萊德在關係中所經歷的一切，並不像她認為的那般單純與膚淺。

娜塔莎並不是特例，而是跟我大多數的個案一樣，希望聊聊她來諮商時想問的問題，即是否要待在原本的關係中。對她來說，深入挖掘她的過去，例如她的家庭動力、固有模式和制約、數十年前的經驗，看起來無關緊要、既不實用也不重要。她曉得訂婚指日可待（克萊德那陣子一直在看婚戒），所以凡是要檢視兩人感情以外的事，都感覺像是在浪費時間。究竟要與克萊德廝守，或是要離開這段關係，才是困擾她的決定。

　　從她的角度來看，這確實有道理。大多數人寧願專注於前進的方向，而不是一路走來的軌跡。但娜塔莎當時無法理解的是，單單檢視克萊德的問題，正好有礙她清晰看到整件事的全貌。在接下來數個月的諮商過程中，娜塔莎不僅會回顧自己的童年和過去的感情，還會好好研究父母和妹妹。最終，許多事都會逐漸明朗起來，包括與克萊德的關係，以及她耗費多年心力處理的其他問題。

　　花時間檢視你的原生家庭絕對值得，但並不見得容易。這就是我們在接下來的章節要一起做的事，因為如果我們無法覺察自己言行背後的慣性，就必定會重蹈覆轍，一切都很好預料，而且通常伴隨巨大的傷害。娜塔莎就是如此。

　　她與許多人一樣，起初堅持認為自己的童年很理想，沒有任何重大發現。她父母的婚姻美滿，自己又在充滿愛的家庭環境中長大。「沒什麼可以抱怨的啊，我的童年十分美好，明明一大堆人過得辛苦百倍，假如我刻意找東西來批評，未免太荒謬了。」

　　此時，娜塔莎落入了理想化和所謂「創傷比較」的陷阱。她不允許自己正視自己的經驗，因為「其他人過得更辛苦」，而且就在她的生活圈裡。她有位朋友遭父親家暴、有位朋友在十三歲時失去母親、有位朋友的哥哥偷走全家的錢後拿去賭博輸光了。

　　她說：「那些才是真的傷腦筋、真的需要關心的問題，也帶來真的痛苦和創傷。」她自己的傷痛比不上朋友和陌生人的傷痛。她認為自己沒有權利感到傷痛。

　　值得注意的是，她使用「真的」這個詞。我聽到的弦外之音是：「我的痛苦和創傷沒有那麼顯而易見。即使如此，大家有辦

法看見嗎？我自己有辦法看見嗎？這裡有空間能承接我的傷痛嗎？」

　　娜塔莎過去必定有傷痛，因為我從她的語氣聽得出來，也能從她說的經驗中看到蛛絲馬跡。但除非她認為自己的傷痛值得關注，否則我們也無法加以處理。

　　「比較創傷」就是一種逃避，無論淡化創傷或誇大創傷都是在逃避，讓你遠離自己的生命經驗、脆弱面，以及自我療癒的目標。而像娜塔莎這樣把童年理想化，其實也很常見，因為這是保護機制：如果你可以持續以正面的角度看待原生家庭，就不必面對傷痛、不用懷疑自己在背叛他們，也不必擔心自己在他人眼中顯得忘恩負義。如果過去沒有你所說得那般安穩，可能就會對以往的經歷大感失落，又對現在和未來的變數充滿恐懼。

　　實在有太多人都難以克服這個矛盾：既要批判地思考我們的原生家庭，又要肯定原生家庭的關愛與付出。我們的腦袋很難同時保有兩種衝突的念頭。但如果你無法正視自己的原生故事、如果你無法面對痛苦和創傷、如果你刻意淡化或誇大過去的經驗、如果你刻意把經驗理想化、或如果你只會理性分析，非常可能會成為自己人生中的旁觀者。

　　娜塔莎需要停止與人比較，替自己的傷痛騰出空間，不再逃避。她需要正視自己真正的原生故事，也需要開始看清自己在維繫家人關係中所扮演的角色。

你在原生家庭中的角色

孩童的覺察力高得不可思議，他們不斷在觀察、觀看、感受周圍發生的事。孩童也會密切關注他人的情感經驗，懂得主動擁抱或親吻他們眼中在難過或心煩的父母、兄弟姐妹。說真的，小孩留意到這麼多成年人經常忽略的事，實在非常了不起。小孩的直覺仍然很準，也沒有一而再、再而三地逃避。孩童活在當下、往往對周圍環境敏感，還沒有學會運用藉口、輕描淡寫來掩飾自己或他人的傷痛。孩童也敢指出他人身上的傷痛；而且跟大多數人一樣，孩童通常本能地想解決自己察覺到的任何問題。

一旦對於傷痛具備極高的敏感度，又有壓抑傷痛的衝動，通常會讓孩童挑起維繫家庭運作的重擔，例如給予家人精神上的支持，或充當年幼弟妹的照顧者。也許你曾設法讓父母不必一直煩惱生活中遇到的困難，或你單純想減輕父母的負擔。舉例來說，假如你的弟妹有特殊需求，你可能會注意到父母壓力龐大又疲憊不堪，因此決定當個隨和的乖小孩，可以照顧好自己，竭盡所能不讓快喘不過氣的家人增添麻煩。敏感的小孩一看到周遭環境的需求，就會扮演起內心認為能保護自己或家人的角色。

尤有甚者，當初你扮演的那個角色，至今可能仍然制約著你的行為和反應，而這正是你的過去持續左右你的主要方式。也許你不自覺中選擇的伴侶、朋友，甚至是工作後，發現自己再次扮演再熟悉不過的角色。如果你在家中是完美主義者，長大後可能就會在關係中維持完美主義的傾向；如果你是父母或兄弟姐妹的照顧者，可能至今仍然覺得有責任滿足每個人的需求；也許你小

時候像個隱形的小孩，默默保持低調、沒有存在感，長大後難以替自己發聲；也許你小時候是家中的開心果，現在仍然認為自己有責任來取悅他人。但有時童年的角色如影隨形卻難以察覺，就是你發現自己抗拒童年扮演的角色。如果你小時候常聽父母吐露心事、從旁給予精神支持，可能會發覺自己反而不想照顧伴侶的情緒、也不想培養親密感。凡是伴侶或朋友出現情感需求，可就會讓你想起從小到大當支持角色的辛苦，導致你封閉自己，不願與人連結、親近或展現脆弱面。

　　你可能曾盡力不讓自己的家垮掉，而擔任了必要的角色，但現今也許不再必要，而當初的角色可能正是阻礙你療癒的原因，讓你無法發現、命名和處理更深層的傷痛，進而阻礙你與伴侶的連結與親近。這正是我在探討娜塔莎為何難以對貼心伴侶克萊德做出承諾時，所得知的問題。

　　經過數週的諮商，娜塔莎繼續堅稱自己的童年無憂無慮。在好幾次的晤談中，我都會問她預料這段感情會「好景不常」的恐懼，擔心克萊德有一天會露出隱藏已久的真面目。我也問娜塔莎有關原生家庭和過去感情的事，沒有得到她的任何回應，但我問她是否曾隱瞞過什麼時，意外地打開她內心的一扇門。

　　她娓娓道來。十五歲時，她偶然在父親的電腦上，看到了一封未關閉的電子郵件。因為她自己的電腦出了問題，又需要完成隔天課堂要交的作業，才問父親是否能改用他的電腦，也得到父親的允許。

　　「他一定沒發覺自己的郵件還開著。」她說，雙眼開始泛淚。

　　「所有的對話往返就晾在那裡，赤裸裸地呈現在我眼前。我

讀了他們之間每一封電子郵件，一封都沒漏掉，我沒辦法移開目光。我的腦袋一片混亂，居然有個我媽以外的女人，說她有多愛我爸、說他們共度了美好的週末，還說等不及要一起生活了。我爸的回信也說著相同的話。兩人私下來往好多年了，這麼多年都沒有人知道。我爸走進來，撞見我在讀信。我只是盯著他看，眼眶裡都是淚水，嚎啕大哭起來。那週，我媽出差不在家，我妹又剛出門打籃球。他看著我說：『拜託不要跟你媽說。我保證不會再繼續下去了』。之後，我們再也沒有聊過這件事情，我在我媽面前也守口如瓶。他結束了這段婚外情。我會定期檢查他的電子郵件、手機，確保他沒有再犯，他也任由我檢查。我想這是我們遵守父女兩人『約定』的方式。」

娜塔莎停頓了一下，接著搖搖頭。她剛才都是低著頭說話，此刻眼神往上移，與我四目交接。

我語帶肯定地說：「這個負擔好沉重喔，你保守這麼大的秘密二十多年了，真的難以想像你內心經歷過多少痛苦、混亂還有質疑。」

娜塔莎一直都保守著這個秘密，優秀地扮演好自己的角色，優秀到自己都快忘掉這件事了，就這樣莫名地消化掉，好讓家人的關係可以一如往常：幸福、緊密又有愛，彷彿沒有任何不對勁。

難怪她相信自己的童年很美好。娜塔莎身為守密者，掩蓋了不愉快的往事，讓家人不必承受任何痛苦和悲傷。但正是因為娜塔莎的角色扮演太成功了，導致她被過去更加牢牢地束縛住，阻礙自己找到更有效益的方式前進。

犧牲真我來換取依附

　　小時候，很可能有無數的時刻，你的言行會被要求或期待要稍微多一點什麼、少一點什麼，才能獲得父母和照顧者的愛、連結、認可、保護或肯定。你也許從父母身上學到他們認為無害的言行舉止，但這些卻讓你離真正的自己愈來愈遠。小時候，你為何會這麼做呢？因為你是天生就會追求依附關係（attachment），因為這是你的生存必要條件，也因為你要有人愛、有人需要、有人選擇、有人保護、有人重視、有安全感，這類需求勝過一切。

　　然而，你固然有對依附的需求，對於真我（authenticity）的需求同屬必要。活出真我是指能自由存在、自由感受，是把真實的自我袒露在自己與親友面前。真我是我們存在的本質。沒有真我，內在就會死亡。

　　真我和依附都是強大的需求。然而，正如專門研究創傷與成癮的嘉柏・麥特醫師（Dr. Gabor Maté）所說：「凡是真我危及依附，依附的力量就會超越真我。」這個看法相當值得思考，太多人必須犧牲一種人生來換取另一種人生：想要保持與你的連結，我必須揚棄自己；而為了忠於自我，我必須選擇切斷與你的連結。想想人類如此渺小，卻需要一次又一次地做出決定。

　　在童年時期，我們確實會為了依附，而犧牲真實的自我；這點無可厚非，依附是較為重要的人生方向。成績優秀，父親看了高興；安靜乖巧，母親不會心煩；減肥瘦身，外界投以關注；照顧好自己代表父母承受的壓力較小；故意吵鬧代表父親就不會家暴妹妹；應聲附和能維持和平；分擔母親的工作能改善她的心

情。你學會自我調節，好讓父母不會遺棄你、拒絕你、討厭你、批評你、論斷你或斷絕親子關係。我們長大成人後，可惜也成了共犯，這是因為我們被制約了，因為我們學會：當我們改變自己來配合他人，就會獲得自我價值、歸屬感、重視、信任和安全感。

　　你就是在原生故事中依附與真我之間，第一次學會如何一再地背叛自我、學會放棄真實的自我來換取依附、開始轉變本來的模樣以滿足自認的需求。

　　好好思考一下。你一直都堅信只有成為別人的模樣，才能獲得內心渴望的事：「如果我成為你需要的人，我就可以得到愛、讚許、肯定、安全感和肯定。」這正是自我保護的方式，你也曾像拼命三郎般滿足外界期待。然而，成為「百變高手」並非真正的成功，無法帶來你渴望的好處。即使你因為表現格外亮眼、克服重重困難或抑制情緒波動而獲得肯定，你的內心也知道哪裡不對勁。你其實能看穿這一切，明白自己是違背真我才換來肯定時，因此這樣的肯定不值得相信。難怪我們長大成人後感到不踏實、猶豫、懷疑自己和他人；難怪展現本色是如此不容易的事，也難以相信自己會獲得他人的關愛、選擇、尊重和敬意。

　　娜塔莎的故事正是絕佳的例子。她成為了百變高手，避免觸碰父親出軌帶來的傷痛，好讓她的家庭能運作下去。然而，表面的成功無比空虛。她長年下來都背負著沉重的包袱，不再曉得如何看重自己的痛苦、自己的悲傷與自己的失落。

　　她犧牲了真實的自我，以維持與父母的親密連結，繼續依附著保守秘密的父親，與蒙在鼓裡的母親。這樣的犧牲逐漸剝奪她的自由、韌性，無法在起起伏伏的關係中與伴侶共同走向療癒。

娜塔莎是自己人生的旁觀者，任由過去未解決的問題主宰著自己的故事、侵擾自己的關係和療癒。

過去是把鑰匙，能解密現在、預知未來

我知道，你很想專注於看得見的目標。我也知道，你可能只想展望未來，但我需要你也懂得回顧過去。過去的一切、家庭相關的事，真的很重要，應該說非常重要。如果你想要修補你與自己、你與他人的關係，理解原生故事就是必要條件。你尚未療癒、尚未解決的過去，正主導著現今的生活，但其實不必繼續下去。

傳統包袱、家族秘密、恐懼和不安全感都會代代相傳，其中部分是堂而皇之地交接，例如珍貴的例行度假行程、家族口頭禪或週二塔可餅之夜；但部分傳承下來的傳統可能是有礙身心，甚至是餘毒：有些女性可能過去曾被母親批評過，便同樣地愈來愈嫌棄女兒的體重；有些男性可能曾痛恨父親凡事嚴格控管，但如今自己的小孩無法滿足他好高騖遠的期待時，卻愈來愈沒有耐心；有些人是婚外情卻避而不談，因為害怕街坊鄰居的閒言閒語；也可能是年幼小孩夭折，卻從未好好面對和悼念此事。

娜塔莎發現父親的電子郵件後，後座力之大讓她開始對他人產生懷疑，也對自己產生懷疑。儘管她原本沒有覺察到這點，卻開始帶著不信任過生活，不知道自己可以相信什麼。她會受到可靠的「好人」吸引，也都說這些人很誠實、善良、周到又體貼，但即使他們極為言行一致，她老是預料感情遲早會出現問題。她因應的方式是趕緊結束關係，以免像數十年前父親出軌，讓她見

證一切好景不常。

　　這卻是娜塔莎的盲點。她從未告訴任何人自己的父親曾出軌，而是把秘密封存在內心多年，直到找我諮商才大聲說出口。在接下來數週，娜塔莎會明白自己對於克萊德的疑慮，或總覺得哪裡「不對勁」，其實是來自她與父親過去的巨大裂痕。她父親默默地要她避談與保密讓她困在過去，而她多年來的自我逃避和守密，也導致即使她的感情對象都十分出色，卻深信自己終究會被欺騙。唯有在深入探討她的原生療癒練習時，才能把自己從過去解放出來，找到更幸福的結局、更健全的道路。

　　許多人（可能也包括你）必須接受一個事實：探索你的原生故事固然至關重要，卻不見得輕鬆寫意。一想到要回顧童年，就可能讓人裹足不前。你想到可能有所發現，也許就會心生恐懼；你思考著自己能否處理回憶起的往事，可能會因此壓力飆升；這也可能讓你覺得在轉移焦點，不去處理手邊的問題。

　　實際上，大多數人更常等到危機爆發才行動。按照我多年的專業經驗，伴侶和個人往往都拖太久才求助諮商。

　　無論你是否處於一段感情中，也許都曾發現自己在跟自己討價還價，一心想尋找更單純又輕鬆的解決辦法。

　　「我應該能自己搞清楚這個問題。」

　　「假如我去諮商，就會挖出更多壞事。」

　　「我的家人當時都盡力了，我不想挖出不必要的東西後就討厭他們。」

　　但假如探索原生故事可以讓你如釋重負，帶來你一直在苦苦尋找的答案呢？

2

說出創傷的名字

　　每天都有人像娜塔莎一樣初次走進諮商室，想要聊聊自己面臨的問題。我的個案包括個人、伴侶和家庭，至今已進行過數百次的初次晤談。而在每次初談過程中，十之八九都會出現類似以下的自白：「我們每次吵架都是吵同樣的事情，問題從來都沒有解決」、「我們的性事不合」、「我對於自己的未來和工作好迷惘，壓力大到不行」、「我不想再拼命讓我媽理解我的觀點了」。

　　大部分的人多半希望盡快獲得解決方案，想要馬上可以從 A 點（坐困愁城）移動到 B 點（如釋重負）。「我們要怎麼樣才不會吵架？」、「幫我們想想辦法好不好？」，或甚至「難道不行直接告訴我們誰對誰錯嗎？」重點來了，我們可以訂下規矩和策略來決定如何吵架、如何在情緒激昂時依然好好說話、如何表達感恩、如何看到彼此的觀點，再來討論洗碗盤、姻親或花錢不節制等問題。也許在那次的諮商晤談中，你真的鬆了一口氣，彷彿一切有了大幅改善。

　　但容我告訴你，接下來必定會發生的事。同一對夫妻隔週回來晤談，抱怨的內容就跟上回大同小異；不想再拼命讓母親理

解自己的年輕女子，又找母親展開對話，結果再度不歡而散；想方設法要讓性事契合的那對夫妻，嘗試多次未果，於是愈來愈絕望。

雖然本書才開始沒幾章，但我先給你一條簡單又重要的金句，好嗎？你讀到現在，可能大概知道我要說什麼，但為了避免造成混淆，不妨在此釐清可能的誤解。

「你當初走進諮商室想討論的問題只是表象，但底下很可能暗潮洶湧。」

如果你希望改變能維持下去、內外合一，就必須了解潛藏的問題，即原生家庭的各種故事和未處理的傷痛，這些都需要你的關注，當前遇到的問題才有機會修補和減緩。如果你無法輕鬆放下現在發生的事，其中必定有原因。原生療癒工作要我們爬梳原生家庭、挖掘或辨識傷痛烙下的時刻、好好替先前無名的創傷命名。

你的源頭

好，現在要從哪裡開始呢？當然要從「你」的源頭開始，也許不必回溯到那麼久以前，但我們得回顧頗遠的往事。你即將要重新認識自己的源頭。

我們要先聊聊你的原生家庭。這是你從小到大的家庭系統，其中是與你有情感連結的家人。在此說明一下，本書中「原生家庭」與「家庭系統」是同義詞。原生家庭中的成員，無論有血緣關係與否，都奠定了你的信念、價值觀與認同的基礎；原生家庭

也是你初次接受教育的地方，學習關愛、衝突與批評等一切事。你的原生家庭教導你認識自己、與人來往的方式、對於關係所抱持的期待。你可能只有一個家庭系統，或像我一樣有兩個家庭系統（父母離異、各自有不同的家庭動力），甚至有更多家庭系統。

許多人把父母和手足當作人生的主要依靠，但也有許多人的原生家庭包括祖父母、繼父母與其子女、領養家庭、寄養家庭、或搬來同住的叔叔阿姨。我有些個案從小到大與保母相處的時間比親人還多，也有個案放學後會先去鄰居家待著，等到晚上十點父母下班才回家。這些人理應也是你原生家庭的一環。

如果你在多個家庭系統中成長，最好每個系統都檢視一下。想辦法融入多個家庭、穿梭在不同家庭之間，並不是件輕鬆的事。每個家庭的教育都有各自的特色。隨著家庭動力的不同，針對工作倫理、教育意義、或適當行為等議題，可能會帶給你相互矛盾的觀念；你也可能得遵守不同家庭裡的規矩，像是看多久的電視、上床睡覺的時間、可以吃哪類食物、必須分攤哪些家事等。假如還涉及迥異的社經地位或宗教信仰，你大概早就學會各個家庭裡的不同生活生式。

但真正的差別也許是：你在「哪裡」經歷傷痛、悲傷、放鬆與喜悅。你可能在其中一個家庭感受到自我價值，在另一個家庭卻覺得自己沒用；你可能在其中一個家庭很有安全感，在另一個家庭卻充滿恐懼；你也可能覺得沒有受到父母同等重視。穿梭在不同原生家庭之間，真的難上加難。但重點在於，在我們開始探討之前，務必了解你過去不同的經驗，所以除了主要的家庭外，

還要記得在不同家庭中挖掘原生故事。

　　原生故事就是你各種「第一次」的生命經驗：第一次學會某件事、第一次觀察和見證某件事、第一次得知某件事後影響深遠等，而就本書目的來說，最重要的是第一次經歷的傷痛。雖然大大小小的第一次都很重要，但真正留下不可磨滅印記的是第一次發生的巨大傷痛、第一次生命中出現翻天覆地的巨變、或第一次你被迫改變自己，就算事件來龍去脈已塵封在記憶中許久也一樣。

　　我想提醒一下，雖然你對愛情、溝通、界線等面向的初次教育來自於原生家庭，但原生故事不見得來自原生家庭，甚至不一定追溯到童年！你會在社會、媒體、宗教、師長、教練和過去交往對象中，找到原生故事和帶來的影響。這些故事可能源自青少年時期、青年時期，甚至不久以前，只要是第一次的經驗就有可能。原生故事通常是（但不全然是）童年經驗，而我們正不斷地寫下、修改自己的人生故事。

　　好，你可能認為自己對童年很熟悉了，這也無可厚非，因為你是經歷自己人生的唯一主角。但每次我回顧過去、回溯童年時，都會對自己有新一層的認識，進而透過全新視角看待自己，我覺得你也辦得到。因此，我們就來探討下文一連串的提問，幫助你展開這段旅程。

原生問題集：話說從頭

　　我與個案晤談之初，都必須了解他們的成長過程。我希望了

解個案的原生家庭、關係動力（過去與現在）、每位家庭成員的
特質、個案在成長過程中的經驗與觀察，以及許許多多的細節。
在探索的過程中，我們也會開始逐一確認個案童年未滿足的渴望
或需求。這絕對辛苦，我懂，但這是理解現今情緒反應的關鍵。

在這個過程中，你也許會回想起，埋藏在記憶深處的家庭成
員性格或特點。你可能會反思在特定事件之後家庭中的變化、哪
些行為與信念一代代地傳了下來。請務必要好好熟悉這部分的家
庭系統，這能幫助你從更全面的觀點看待你的原生家庭、你與家
人的關係，以及家人彼此的關係，也能幫助你開始看見慣性。

你在閱讀本書、進行練習時，不妨準備一本筆記在身邊，可
以寫下讓你深感共鳴的內容，或記錄書中許多問題的答案。在探
索的過程中，好好照顧自己。

雖然我提出的問題可能會因個案而異，但幾乎不脫以下這些
問題：

- ◆ 從小到大，你身邊有哪些人陪伴？
- ◆ 家中的成年人如何對待彼此？
- ◆ 他們用什麼方式展現對彼此的愛？
- ◆ 形容一下你的父親，在你心目中他是什麼樣的人、又是什
  麼樣的父親。說說看你欽佩哪些特質、看不慣哪些特質，
  也就是你看到的優點和缺點。
- ◆ 形容一下你的母親，在你心目中她是什麼樣的人、又是什
  麼樣的母親。說說看你欽佩哪些特質、看不慣哪些特質，
  即你看到哪些優點和缺點？

◆ 如果你的人生中有繼父母或家長般的成年人，請回答上面相同的問題。

◆ 以前有沒有哪些事件，讓成年人對待彼此的方式、或對待你的方式有所轉變？如果有的話，說說看當時發生了什麼事，後來產生哪些轉變？

◆ 家中是否曾有人面臨任何心理健康的難題？

◆ 當時家人如何處理這些難題？或沒有處理？

◆ 家中是否曾有人出軌、背叛、重大轉變、破財或死亡？

◆ 上述事件帶給家庭什麼衝擊？

◆ 你希望父親能理解哪個面向的你？你希望母親能理解哪個面向的你？

◆ 假如他們真的理解了，你認為親子關係會出現什麼改變？

◆ 小時候，你最大的渴望是什麼？

◆ 假如你有兄弟姐妹，形容一下你與他們的關係。

◆ 假如你能跟父親說一件事，絕對不會有任何後果，你會說什麼？

◆ 假如你能跟母親說一件事，絕對不會有任何後果，你會說什麼？

◆ 你最珍惜的童年回憶是什麼？

◆ 你最痛苦的童年回憶是什麼？

　　這些問題需要時間、好奇心、開放的心胸、勇氣和面對脆弱才能逐一回答，但你只要好好回答，就會為自己帶來寶貴的洞見和脈絡，重新看待過去和現在的經驗。

揭露創傷

隨著你潛入過去的回憶，很可能會要直接面對部分往事，讓你覺得格外難受、倍感激動。這是完全正常的事。原生療癒工作要我們辨識並命名原生創傷，也就是過往未能癒合、逐漸惡化的傷痛，你至今卻未能完全正視。揭露創傷、說出創傷的名字，是達成自我療癒前極為重要的步驟。

我聽到「創傷」時，一定會先想到身體的傷口。記得小時候膝蓋或手肘擦傷嗎？父母通常會幫你清潔傷口、貼上 OK 繃，提醒你要讓傷口透氣才會加速癒合，最後傷口上就會結痂；但你又會撞到桌角，或愛去摳結好的痂（小朋友嘛），造成傷口再度流血，底下的肉又刺痛起來，你也再度感受到當初的疼痛。

情感的傷口其實很類似，是因為你的經驗痛苦到影響身心而形成。這類傷口也許不像結痂一樣看得出來，卻會帶來深入潛意識的長久副作用，而且也像身體的傷口一樣，一輩子都可能被掀起來，再度引發你的痛苦。

但身體的傷口會自然癒合，情感的傷口如果置之不理，就不會自行復原。說來遺憾，光靠時間無法療癒所有的創傷，頂多減輕部分創傷的強度，但深層的情感傷痛需要你的關注、陪伴、情緒，以及意念的力量。即使全部都到位，傷痛仍然需要照顧，不會憑空消失，只會漸漸淡去。

因此，你不可以視而不見。尋找原生創傷的目的，不是要你漫無目的亂找，而是要引導你發掘傷痛的源頭。而因為實在太多人的情感創傷都源自家庭系統，所以我們才要從家庭開始探討。

小時候，你最想要的是什麼？

一開始，我要問你一個非常重要的問題，一位諮商師曾問過我相同的問題，至今我依然清楚記得：小時候，你最想要卻沒得到的是什麼？

等一下，可別直接跳過這個問題喔！請花點時間回答。我明白，這可能會喚起許多情緒；我也明白，這需要很大的勇氣、不怕面對自己的脆弱，才能好好消化問題、誠實回答。但在你的答案中，埋藏著重要的線索。

你在原生家庭中最想要卻沒得到的事，很可能就是你當時真正需要滿足的渴望。也許，你希望即使自己沒有考到好成績，仍然想覺得自己是有價值的人；也許你有著與眾不同之處，但想要有歸屬感、想要獲得接納、想要有人愛你；也許你希望受到成年人的重視；也許你想要相信成年人不會對你說謊、不會有所隱瞞；也許你的家常常讓你覺得很害怕，只希望有人保護你。

當這些渴望沒有獲得滿足，創傷就出現了。

換句話說，你可能有自我價值低落的創傷、缺乏歸屬感的創傷、不受重視的創傷或無法信任人的創傷或安全感匱乏的創傷。這些創傷都會在 Part2 深入討論，但現在只要知道，當你沒得到最想要的事、真的需要滿足的渴望落空，就需要好好檢視留下的傷痛。

這並不是要鼓勵你去找戰犯。你的父母可能關愛著你，卻缺乏適當方法或工具來滿足你的情感需求。不過請注意，你的經驗即使沒有很悲慘，依然會留下創傷，重點在於忠於個人經驗，不

必為此篡改、扭曲或辯解，過程中要替自己的失落命名、好好看見需要你關注的內在面向。我們完成這個步驟後，就會開始對自己揭露創傷了。

還記得娜塔莎吧？她為了維繫家庭的和諧，替父親保守秘密，卻說不出自身傷痛的名字。她意外發現了父親偷情的電子郵件，卻裝作沒發生過這回事，希望能挽救父母的關係。但無論娜塔莎是否願意承認，在發現那個秘密的當下，她眼中父親的形象（以及想像的父母婚姻）就此破滅了。她相信父親是善良又值得敬重的人，每天晚上六點前就到家，也常常花時間陪伴家人。他不僅願意對妻子付出關愛，看起來也是真心享受家庭生活。

娜塔莎無法接受自己常常看到、相處也相信過的父親，居然在外頭偷情了好多年。她的人生、開心的回憶全都打上了問號，她跟母親與妹妹居然被蒙在鼓裡、徹底背叛。在那個瞬間，她與父親的關係完全改變，與母親和妹妹的關係也不再相同。

她缺乏信任感的創傷就此誕生。

娜塔莎發現自己過去的創傷、明白內心真正的渴望後，接下來數個月，我們便共同探索她的童年、上述事件帶來的斷裂，以及日後深遠的影響。當她說出自己創傷的名字，正視自己過去最想要的就是信任感卻遭到辜負，她看見了一個全新面向的自己，因而明白這需要關注，也第一次打開了自我療癒的可能。

小時候，我最希望有個地方能容許自己「不好」也沒關係；我希望能真心相信自己不必強顏歡笑、希望有地方能容許我的掙扎和傷痛，我希望不必當個適應力強、困難當前卻面不改色的小孩；我希望父母能允許我如此；我希望父母正視我、理解我，而

不僅僅是看到我展現的模樣；我需要他們看穿我的偽裝；我希望他們對自己的情緒調節負責，這樣我就不必有壓力要替他們負責；我希望不必絞盡腦汁地說對的話、深怕惹父母不高興或害他們傷心。以上都是我當初的各種渴望。

好，現在輪到你了。

你也許很清楚自己小時候，或在一段重要的成年關係中，最想要卻沒得到的是什麼。這對你來說可能顯而易見、根本不必思考。但假如答案不太明確，你可能就需要放慢腳步，好好思考你需要卻沒得到的是什麼？我們也可以換個問題：如果你可以回到童年改變一件事，那會是什麼？如果你的內心浮現答案，那就太棒了，但如果你的腦袋一片空白也沒關係，相信時機到了自然會出現。

我們抹去創傷的方式

世界各地的諮商師最喜歡提出的問題，就是我們所謂的「限制問題」（constraint question）。我們不會問你為何去做或不去做某件事，而是問你是什麼讓你去做或不去做某件事，其中的限制是什麼？

凡是要說出創傷的名字、或對自己揭露創傷，也可以提出同樣的問題：是什麼讓你看不見創傷？事實證明，大多數人都懂得發揮創意，避免自己看見、揭露或陪伴創傷。有時，我們是有意識的選擇，有時則是無意識的選擇。

隱藏

我們掩蓋傷口的方式之一是隱藏,這也是我以前很擅長的招數。你可能猜到了,因為我小時候就是這方面的高手,甚至還會跟母親一起躲在櫃子裡。這項能力隨著我長大也愈來愈強大,一直持續到二十歲出頭。我把所有的脆弱隱藏起來。男友做了我不喜歡的事,我會假裝自己不在意;朋友占了我便宜,我也不當一回事。在任何情況下,我都會假裝自己很好,但其實我並不好。

當時我隱藏自己的功力太強大,你絕對不曉得我內心有多害怕與不安。

隱藏自我的人,善於提供一套說法說服外在世界,只是迥異於內在世界的真實情況。但你一旦隱藏了傷痛、恐懼和不安,行走於世間就無法忠於自己。我有個個案艾薩姆(Aazam)有缺乏安全感的創傷,罹患憂鬱症,光是要撐過一天都十分艱辛,但遇到困難時,她不找任何朋友吐苦水,而是選擇週末待在家,把自己關起來,原因為何?因為她怕朋友覺得自己無趣又掃興、然後不理她。個案多姆(Dom)則有自我價值低落的創傷,覺得自己從小到大住的家見不得人,所以從來沒有帶伴侶回家給爸媽看,只因為他擔心對方可能會另眼相看。隱藏自我在短期內也許會帶來安全感,但結果卻是你無法在重要的關係中完全做自己。

逃避

我們掩蓋創傷的另一項方式是逃避。你想方設法讓自己永遠不靠近創傷,避免任何觸碰。你在自己與創傷之間,奮力拉出

了距離。也許，你害怕被拒絕、害怕親密，因此寧願永遠不談戀愛，也不願意面對創傷；也許你害怕失敗，所以從來不敢申請升遷。畢竟，只要你永遠不觸碰創傷，甚至連看都不看一眼，就永遠不必把創傷袒露在自己面前。這就是逃避的作用。

演戲

我們也可能不斷演戲來掩蓋創傷。有人能演得維妙維肖，可能是凡事追求完美主義，刻意讓生活看起來井然有序。這樣你就能保護自己，不必面對恐懼、懷疑和不安。如果你演得很成功，就不必面對傷痛。個案珍妮（Jennie）就是如此。她每週工作九十個小時，只為了贏得老闆和同事的讚賞。這果然也奏效了，她的業績一枝獨秀，但不知為何，她在工作上中獲得的肯定沒有以前那般令人滿足。多年來，她一直把工作上的表現當作衡量自己成功的標準。畢竟，如果她在工作上每每都能獲得讚賞，就絕對不會感到差人一等、不夠好等小時候如影隨形的感受。

討好

我們也會一昧討好別人來掩蓋創傷。你討好別人時，就是在努力不讓對方失望，並且竭盡所能地討好下去。洛茲（Roz）是典型的好好先生，他說自己會出席所有朋友的每個活動，任何邀約都不會拒絕，老是第一個到場、最後一個離開。洛茲努力維持朋友的歡迎與喜愛，這樣就不必去面對成長過程中，曾被討厭或排擠的經驗。

允許自己脆弱，確實讓人害怕也難以做到。但我們要允許自

己脆弱，才不會在原地踏步。如果你把創傷隱藏起來、不讓自己正視傷痛，就不可能療癒自己。

如果你持續人前演戲、討好別人，藉此分散對創傷的注意力，同樣不可能療癒自己。好好消化一下這段文字。

如果你把自己的傷痛掩蓋起來，生活中就不可能做出改變；如果你刻意無視需要關注的事，就不可能活出不同的人生。你只會一直卡關。我知道，你可能還沒準備好去「行動」（即跟別人吐露自己的傷痛，或甚至好好覺察自己）。但你在閱讀本書的過程中，不妨看看能否留點空間給自己去覺察。這裡只有你跟我而已，不必非得跟別人分享心事。

掩蓋創傷的代價

我們之所以掩蓋創傷，是因為自己難以面對。創傷勾起情緒、讓人刺痛，又聚焦在過往那些傷心事。與其刻意去揭開創傷，得過且過還比較輕鬆。假如有辦法不必正視創傷就能放下過去，我們很可能都會這麼算了。

但放下過去並不管用，想知道原因嗎？因為創傷不會自己消失，不會因為你轉頭就愈來愈小，不會因為你無視就自動修復，不會因為你逃避就慢慢癒合。

創傷之所以如影隨形，是因為需要你去療癒。

如果你努力掩蓋創傷，它就會想辦法讓你關注；實際上，創傷一直透過再日常不過的平凡小事，設法引起你的注意，只是你大概連一點感覺都沒有。創傷可能上週或上個月都在跟你揮手，

只是你不曉得有跡可循。

　　說不定，你發覺自己在不知不覺中愈來愈像父母，像是批評伴侶的方式，差不多就是你母親批評你父親的方式，或你對伴侶發飆的樣子，也類似父母對彼此發飆的模式。也可能反過來，你深怕走上父母的老路，於是竭盡全力不要像他們。在部分情況中，這是十分健康的衝動，但你的決定依然是由恐懼所主導，像是不惜代價要避免衝突，可能維持了表面的和平，卻讓你把沮喪或憂慮往心裡吞。

　　以上聽起來是否很熟悉？你可能在身邊朋友、同事、現任或前任伴侶身上看過這些行為（別擔心，這裡舉手的不只你一個人）。無論對此是否有知有覺，這些行為都在在反映了原生創傷需要你的關注。

反應過度

　　對外界反應過度是內在創傷的一大指標。當你對於某件事有很強烈的反應，就要有所警惕了；你的內在清楚發生了什麼事，而反應過度正是讓你知道自己不喜歡這件事、你其實不舒服或受到威脅，或你正處於險境之中。

　　有時，反應過度是因為在內心深處，你覺得有非常熟悉的東西慢慢浮現。你跟伴侶傾訴自己的脆弱時，他卻只顧著滑手機，你便氣沖沖地離開現場。他的分心讓你想起了父母，因為在你成長的過程中，父母並沒有重視你。朋友連續三次爽約，你狠狠地罵他一頓，因為他的漫不經心讓你想起父母，只會開一堆空頭支票。

我們都曾有過這類經驗。我在 IG 上問大家，哪些事會踩到他們的地雷，結果收到數百個答案，包括被批評、被忽視、被指責、逃避責任、被說太敏感、說話到一半被打斷、感覺沒有被聽見、被拒絕等。我們為何會反應過度？我們在後文說明不同創傷時會進一步討論，但目前要知道的重點是，強烈的反應就像插在沙上的一面旗，如果你往下挖一點，就會發現需要照料的原生創傷。

小題大作

表面之下藏有創傷的另一個跡象是小題大作，或激動的情緒與源頭本身不成比例。瑪希卡（Mahika）熱情邀她交往數個月的女友來家中，想要煮飯給她吃。但女友兩手空空出現在她家門口、坐在沙發上等她煮飯時，瑪希卡的感受發生轉變。女友散發著十足的魅力、侃侃聊著當天發生的事，還會問瑪希卡問題。但瑪希卡覺得自己心裡冒出一堆問號：「你這個人也太不貼心了」、「為什麼不問問要不要幫忙？」、「你只是占我便宜吧！我一直在照顧別人，真的心累。」不久後，這些內在的問題來到嘴邊：「你幹嘛來啊？你明明不想花時間陪我啊？」瑪希卡流下淚水。對許多人來說，這段對話想必莫名其妙。受邀的女友可能根本不曉得剛剛發生什麼事，她人明明在場也很開心，但瑪希卡如此強烈的反應，好像是針對當下的事，又不是針對當下的事。

每當別人的反應或你的反應強烈到不合理時，好好思考這個反應底下蘊藏豐富又複雜的過往，有助於替此時此刻找到解釋，或至少帶來具體的脈絡。以麥希卡的例子來看，她從小到大，父

母都有酗酒的毛病，他們常一屁股坐在沙發上，開始發號施令，始終期待別人來照顧。當女友空手出現、沒有主動說要幫忙，麥希卡不自覺地回到了被人占便宜的憤怒感受。在內心深處，她正在經歷以前的負面感受，而不是當前的感受，導致反應十分劇烈，因為不受重視的創傷尚未療癒。在第 5 章中，我們會進行更詳細的討論。

陰魂不散的慣性

　　被掩蓋或未命名的創傷，還會以另一個方式浮現：無益於情感、生理、心理、關係或精神健康的重複行為和選擇。你也許一次又一次地選擇相同類型的伴侶：老是劈腿或神秘兮兮的伴侶、情感抽離或不願承諾的伴侶等。你也可能答應自己不要再玩一夜情了，因為一夜情的隔天都覺得十分空虛……但無論你承諾了自己多少次，到頭來還是重蹈覆轍。你可能一再花光銀行存款，只為了打腫臉充胖子，結果發現自己煩惱起月底繳不出房租。

　　以上這些像你的行為嗎？

　　這些都是失調的慣性，從拖延成性、約會耍心機、說謊、替有害行為找藉口、陷入無用的爭論、進行負面的自我對話、付出大於接受（非互惠關係）。這些慣性的一大共通點，就是都反映了未能正視的創傷。

扯自己後腿

　　失調最為嚴重的慣性，是扯自己和關係的後腿。你在扯後腿時，通常會不自覺地測試他人，不是要繼續隱藏並強化你的創

傷，就是想把需要療癒的事帶到表面。

　　常見的扯關係後腿的方式就是偷情。在現今社會中，出軌的原因當然不一而足，但就我的諮商經驗來說，有無數個案出軌是為了扯自己後腿：「如果我出軌，你就會發現，然後離開我，反正我不值得擁有這段關係。」這樣會強化的創傷是你不值得被愛、親密或交往，反映了你不值得被選擇。

　　但扯後腿也可能是設法修復創傷的方式。修復過程可能會這樣進行：「如果我出軌，你就會發現，這會破壞我們的關係，但是也許我們可以開始討論，為什麼我覺得自己不值得擁有你當作伴侶。也許我們可以討論，為什麼我覺得自己配不上你。也許你可以藉此幫助我明白和理解的是，我其實是你生命中十分珍貴又重要的人，值得與你一起創造未來。」

　　呼，我知道這不容易，但這其實比想像中更常見。

給予別人忠告，自己卻做不到

　　還有一個較意想不到的跡象，反映了創傷要浮出水面：給予別人忠告，自己卻做不到。我知道許多人會心有戚戚。我十分確定，大多數人在生活中或多或少都有這個經驗：你跟朋友說他應該停止和前任聯絡，但你自己的前任主動聯絡時，你卻馬上回了簡訊；你建議兄弟姐妹如何做好面試的心理準備，但自己在相同的處境時，卻感到缺乏自信。你在 IG 上鼓勵讀者要愛自己，但關起門來，卻難以真正欣賞自己。

　　如果你給予的忠告連自己都難以接受、無法實踐，就代表這潛藏過去未解決的問題。也許，你從小到大認為沒有人愛你，因

此即使建議別人要愛自己，自己卻無法聽進去。我們說一套做一套，就代表我們必須慢下來，好奇探索自己未癒合的創傷。

創傷並不只會以上述方式來吸引你的注意，不過這些算是我觀察到最常出現的徵兆，讓我和個案知道需要探索得更加深入。如果你在自己身上看見這些徵兆，我幾乎可以保證，絕對有更多往事待你去挖掘。

說出創傷的名字

接下來，你會發現我在本書中說了許多故事，因為我們往往善於掩蓋創傷，有時觸碰自己創傷最單純的方法，就是透過別人的經驗。這些故事可以當作範例，有時也會引發共鳴。閱讀這些故事、搭配後頭的練習，有助你把埋藏已久或難以辨識的創傷引導出來。我在本書描述的不同故事或創傷，不見得會符合你的經驗，但從 Part1 到 Part2，我希望別人的故事與發現，可以讓你不時有恍然大悟的感受，進而協助你自己命名創傷的過程。現在，就先從我的個案莫妮卡（Monica）說起吧。

四十五歲的莫妮卡起初找我諮商時，整個人好傷心，向我傾訴著備孕過程的煩惱。她盡了一切努力來做準備，希望能成功懷孕，但沒有任何方法奏效，讓她覺得既無助又心累，滿腦子都是想懷孕的事。

她對自己的丈夫麥可稱讚有加，說他從旁支持、非常貼心又懂得付出，與她那個冷漠又愛酗酒的前任丈夫截然不同。但前晚，她和麥可才大吵一架，而且衝突愈演愈烈。莫妮卡在重述兩

人的爭執時，顯然對於自己的行為很慚愧。

「我知道麥可晚上下班後有飯局。他一個多禮拜前就說過了，還寫在行事曆上。但是他十一點多回家後，我硬是要沒事找架吵，還搶走他的手機、用力丟得遠遠的。我真的覺得自己很丟臉。」

這個反應非常激烈，而且莫名其妙，連她自己也嚇到。她問：「我不知道自己為什麼會發飆，他根本沒有做錯任何事，吃完晚餐後回家，就跟我溝通了一個晚上。我是有什麼毛病啊？」

莫妮卡不成比例的激烈反應，代表創傷嚴重到亟需她的關注。我們決定進一步探討，看看是否前一晚可能喚起了某個過去的創傷。

莫妮卡的父母當時才二十歲出頭就生下了她。

「我爸從來都不在家，我媽也不知道怎麼當母親，沒有人照顧我、引導我或支持我，我就好像隱形人一樣，一切都得自己想辦法，像是寫功課、吃飯、上下學等，實在很慘。」

這個時刻最適合問我的諮商師曾提出的重要問題，我問莫妮卡：「小時候，你最想要卻沒得到的是什麼？」

「全部。」她說。

從許多方面來說，的確如此，但這其實是迴避問題。我靜靜地坐著，給她一點時間傾聽內在的聲音。

她的雙眼開始泛淚。「我只想要知道自己夠重要，有人會關心我、問我好不好，不然什麼都要自己搞定真的很累，這樣的要求會太過分嗎？」

當然不過分啊，但這個答案無法改寫她的童年經驗。

「昨天白天發生了什麼事情嗎？」我問。

「我在忙工作，還有回診。」

「回診還順利嗎？是去婦產科回診嗎？」

「嗯，不太順利。我得知了一個很讓人震驚又難過的消息，醫生覺得我沒辦法懷孕到足月生產，建議我們可以考慮找代孕。」

這件事讓她難以釋懷。

在初期的晤談中，我得知她前任丈夫尼克（Nick）成天只想酗酒，常常忘記重要的細節、錯過數月前就在行事曆上安排好的活動、鮮少能幫忙家裡的事，因為他整個人不是爛醉如泥，就是在忙著喝酒。那段婚姻顯然重現她童年的動力，注定會失敗，最後也確實離婚收場。

但莫妮卡是深思熟慮後才決定跟麥可交往。她說：「完全無可挑剔。他很愛我，很會安排活動，我們在一起的時候很開心，敢玩敢冒險。」她很肯定沒有出現舊有的相處模式。

我問：「那麥可對於代孕有什麼想法？」

「我不曉得。我沒有跟他說。」

「這樣啊？那你選擇不說，有沒有特別的原因呢？」

「我們就是不太聊生小孩的問題。他非常想要小孩，給自己很大的壓力。他前一段婚姻就是因為沒小孩才會結束了。他的前妻不想要生小孩，兩個人才會離婚。我大概就是不想讓他知道發生什麼事。他知道我會定期看醫生，做好需要做的事情，畢竟這是我的責任。」

我說：「我知道，你一直都靠自己的力量把事情打點好。我

很好奇，你昨天晚上獨自消化醫生跟你說的話，有沒有勾起了一些回憶？雖然你知道麥可晚上有飯局，但是我在想，會不會其實你心裡希望他能關心你一下，你就不必一個人煩惱自己接下來該怎麼辦。」

我們靜靜坐著，感覺好像幾分鐘過去。她整個身體動了動，忽然把臉埋在雙手中啜泣起來。當然，麥可根本不曉得回診時發生什麼事，甚至不曉得有回診這件事。這樣看來，莫妮卡讓人始料未及的情緒反應，逐漸有跡可循。

麥可和莫妮卡的婚姻從許多方面來看都相當美好，但不能只由莫妮卡來主導。他們夫妻倆都想要小孩，那這個過程就需要雙方都參與其中。莫妮卡需要感受到麥可也在付出、表示關心、認真投入。她的反應大到莫名其妙，直接指出一個童年的創傷（我們會在第 5 章更詳細地討論不受重視的創傷），導火線是麥可沒有從旁支持、引導和貢獻。

你的腦海中太頻繁地冒出「又來了」的念頭時，很容易開始自我批判，甚至厭惡起自己。你可能會像莫妮卡一樣，問自己：「我有什麼毛病嗎？」、「為什麼一直鬼打牆？」、「為什麼沒辦法改變這個壞習慣？」、「為什麼我老是選到這種人？」、「為什麼我老是對我媽發飆？」、「為什麼我還沒有走出來？」但這些問題只會讓你在原地打轉，找不到清楚的方向。其實，無論你做任何事，背後都有合理的原因。你內在的自己努力在保護你，只是需要你的覺察來協助你擺脫慣性，進而踏上一條更健康、更有意義的全新道路。你必須先揭開、命名一再觸發慣性的創傷。

✳

　　你之所以拿起這本書，是因為你與他人的行為引領你踏上的這條道路，需要好好的關注。你在本書中會明白，想要走上更健康的道路，就需要檢視自己的原生故事，以及在原生家庭中，得不到最想要的東西所產生的創傷。你也會學著問以下的問題：「這件事情帶來熟悉感嗎？」、「我第一次有這種經驗是什麼時候？」、「當初有誰在我身邊？」和「這一刻浮現了什麼往事？」你會不斷練習留意自己的失調行為，接著設法去連結、理解這些浮現的原生創傷，因為它們需要你的關注。

　　你也會學到如何說出創傷的名字，如何見證並接納自己過去的傷痛、陪伴那分傷痛，接著轉念去尋找方法，促成人生與慣性的改變。這正是第 3 章會詳細說明的「原生療癒練習」。

　　在本章結束之際，我想提醒你一件重要的事：人生並非在找你麻煩，而是想要找你療傷。你的創傷並不想傷害你，只是像小孩般在拉拉你的衣角，告訴你是時候放過自己了。重新找回自己與人生的主導權，是永不間斷的漫長旅程。但你只要正視原生創傷的影響、努力減緩對現在行為的衝擊，就可以展開這段療癒的必經道路。

　　現在來問問自己，你是躍躍欲試想著「開始吧！」，或是像布芮尼・布朗初次接受諮商那樣心生抗拒呢？你準備好了嗎？

Part 2

創傷的源頭

3

我想要感受自我價值

多年前的一場研討會上，我提供現場的大家一段話要他們接龍：「我很沒有價值，因為……」起初，全場鴉雀無聲，後來他們慢慢勇敢說出內心的話，後頭有人小小聲地開口：「因為我不夠瘦。」

另一個人接著說：「因為我都會犯一樣的錯。」

然後又一個人說：「因為我沒有成功。」

下一個人則是說：「因為我沒有工作，都靠我老公養我。」

愈來愈多人分享：

「因為有太多比我更有魅力的人。」

「因為我很懶。」

「因為我滿腦子是工作。」

「因為我太情緒化了。」

「因為我家人讓人受不了。」

「因為我什麼都做不好。」

「因為我不夠聰明。」

「因為我很封閉自己。」

「因為我太敏感了。」

「因為我很胖。」

「因為我離婚了。」

「因為我傷害過別人。」

「因為我還沒脫單。」

「因為大家都離開我。」

在場的人開始眼眶泛淚，他們聽到別人的理由後，都紛紛搖起頭來。這個練習帶來的是團結感與凝聚力：我們都有心魔，我們並不孤單。這個接龍本來大概能繼續玩個好幾輪，但大家的默契是這樣就夠了。

當你的內在缺乏自我價值感，就會覺得自己不值得遇到好事、覺得自己本身不夠好到可以接受外在的愛、關注、陪伴和承諾。你也許不認為自己可以擁有喜悅、自在和伴侶關係。自我價值低落的創傷可能代表的是，你怎麼都無法真心相信自己本身就有價值、或即使表現不完美也值得獲得心心念念的東西。

許多人內心深處都有這種糾結，認為自己很沒有用、太懶散或不值得有一段關係。你可能會問自己：「如果連我的父母都不愛我了，怎麼可能會有人愛我？」、「假如我一事無成，還有愛的價值嗎？」、「真的有人會想跟我在一起嗎？」、「假如我不是好人，還值得有另一半嗎？」

「我很沒有價值，因為……」答案似乎不勝枚舉。

但假如前提就錯了呢？假如你其實值得好事發生呢？假如你值得愛、喜悅和伴侶關係呢？

畢竟，你生來其實就具備自我價值，那人生走到這一刻，究

竟發生什麼事讓你心生懷疑呢？

　　如同前文提到的研討會與會者，你可能一下子就把自己貼上「沒有價值」的標籤。其實，聽到有人說自己生來就沒有價值，感覺讓人難以置信。我曾跟有類似創傷的個案說過這件事，他們的回應通常是「聽起來很理想化，但是我就不這麼覺得耶，我連那是什麼意思都不懂。」老實說，如果現在不確定也沒關係。如果你覺得全世界只有自己沒有價值，也沒關係。但我希望我們可以好好探索下去，看看能否一起做出些調整，好嗎？

　　你怎麼會認為自己太胖、太情緒化或不夠好到值得愛呢？這些想法是怎麼形成的呢？是誰給你這些念頭的呢？你怎麼會覺得自己沒有價值？其實正如同所有創傷，問題的答案都比想像中單純。

　　創傷背後都有一個原生故事，讓我們深信不疑。

「我很沒有價值，因為……」

　　我陪伴別人的時間愈多，就愈相信我們可能都有自我價值的創傷，或至少自我價值會不時受到質疑。

　　柯琳娜（Corinna）每天早上都比男友早起、化好妝後才回到床上，這樣等男友醒來時，才會覺得她素顏就很美。

　　克里斯多（Christof）深信，只有賺更多錢才能讓喜歡的女生看上眼。

　　艾瑞（Ari）認為自己的慢性病會讓伴侶太辛苦，所以他

們絕對不可能會結婚。

這些說法都是個人與自己的對話，揭露了自我價值低落的傷口。

這一切從何而來呢？你怎麼會相信自己不值得愛、不值得被選擇、不值得被需要、不值得有人陪伴、或自己不夠好？你還記得哪些傷人的話語或句子嗎？你還記得哪些行為嗎？你還記得當你得知愛有條件，內心升起的感受嗎？或是被遺棄後留下的陰影？

我開始與薇若妮卡（Veronica）晤談時，她五十歲出頭、單身、未結過婚且膝下無子。她已接受了數十年的諮商，卻沒有什麼進展。她在華爾街金融業工作了三十年，說話語氣尖銳沙啞。她告訴我，因為多年菸不離手，以及職場上得跟男性比大小聲，搞得自己的聲帶累到不行。

她看著我，微笑著說：「我其實不是兇，只是累了。這鬼地方真的會把人搞垮。反正我以為諮商應該有效，沒想到不管用，你是我最後的希望了。」

這是我們初次晤談時，她的開場白。

我微笑地開口：「這樣壓力還真大，那我們最好快點開始聊囉。」

薇若妮卡還沒料到的是，其實她最後的希望不是我，反而是她自己，但在我們晤談過程中，她很快便會明白這一點。

薇若妮卡表示，她喜歡諮商的原因是有人會聽她說話，把心事說出來很舒服，但她不喜歡的是好像什麼都沒改變。

「我的投報率不高。」她說。

在此說明一下，投報率（ROI）指投資報酬率。幾乎所有從事金融業的個案都說過類似的話。他們開口閉口就是投報率、成本效益分析和數據點。

薇若妮卡覺得自己多年來投注大量金錢和時間在諮商上，但年復一年，她得到的結果卻都一樣。她對於諮商投注的心力，並沒有帶來預期的效益。

「我想要另一半。我早就沒在想生小孩的事情了，但我真的想好好去愛和被愛。」

我再多問沒兩句，就得知了解薇若妮卡從沒跟先前的諮詢師聊過自己的家庭。我支持不同的療法和理論，也堅信沒有一體適用的模式。然而，我真的難以想像諮商過程不去先理解個案家庭系統內的關係，以及相關的原生故事。

「如果我們稍微聊聊家裡的事情，你 OK 嗎？」我問。

「OK 啊，沒問題，你就問吧。」

由於我是薇若妮卡最後的希望，她願意按照我引導的方向繼續。我開始問她原生家庭的事，不久便得知薇若妮卡的母親在她五歲時就離家出走了。

「你知道她為什麼離家嗎？」我問。

「嗯，我媽從來不想生小孩，只想過好日子，不想要任何責任，不想被束縛或失去自由。她打包好一個行李袋，像一個普通的禮拜六早上離開了。有個阿姨開車到車道上按喇叭。我媽把我和姊姊拉到身邊，蹲下來與我們同高，然後說：『媽媽真的很愛你們，但是這裡的生活不適合媽媽。』她坐在那個阿姨的車上，

笑著對我們揮了揮手，車子駛離車道之後，我們就再也沒見過她了。」

薇若妮卡分享這個故事時，語氣不帶任何情緒，掉入我所謂「如實說書」（factual storytelling）的模式，意思是你描述事件發生的細節，而沒有展現事件本身引發的情緒或影響。如實說書是故作堅強的方式，保護自己不被你覺得難以承受的事件影響。

薇若妮卡成了專業的如實說書人。她說話時風趣幽默、魅力四射。她有辦法讓人產生感受，卻不讓自己有任何感受。

薇若妮卡已與朋友、同事和在酒吧新認識的人說過自己的故事，只是從未與她的諮商師分享過。原因何在？

「他們沒問過我啊。」她聳了聳肩。

薇若妮卡說得沒錯，他們都沒有問過，但她也沒主動開口。她很聰明，清楚知道這是過去人生的重要部分卻不想提起，直到現在才敢開心房。

薇若妮卡當時在 IG 上追蹤我一年多了，十分理解我諮商的架構。她知道自己要深入挖掘原生家庭，也知道這個諮商風格不單只是發洩情緒。我們雙方都得認真投入、好好合作。

在母親離家後，薇若妮卡便有了缺乏自我價值的原生故事。

有時，自我價值感在一瞬間就被摧毀；有時，自我價值感會在發生一連串事件、或接收各種訊息後，慢慢地消失殆盡。以薇若妮卡來說，她母親離家出走後，讓她相信自己沒有好到值得讓母親留下。

薇若妮卡與許多自我價值低落的人一樣，迫切希望找到一個人能證明她的價值。她渴望進入穩定的關係，卻一直不得其門而

入，常常在談戀愛後數個月就結束了。許多事都可能助長自我價值低落的原生創傷，而薇若妮卡可說是樣樣符合。她認為沒有人願意留在他身邊、認為自己不夠好、不夠有價值、或沒有重要到別人想跟她在一起。她容易與玩世不恭的男人交往，但即使選擇了認真可靠的男人，也會想辦法把他們推開。

她跟我說，她會交待一大堆事給認真可靠的男人完成。

我也有喜歡測試另一半的傾向，此刻看到了同類。薇若妮卡會叫伴侶送取乾洗衣物、安排清潔人員來打掃、幫她預訂機票、把食材裝滿冰箱。她把對方當成員工、不是伴侶。但很長一段時間，她看不到問題所在。

我們開始進行原生療癒前，薇若妮卡會測試伴侶容忍自己的極限，導致他們最終都離她而去。她明明在搬石頭砸自己的腳，卻對此視而不見。薇若妮卡不能再拖了，應該要明白往事主宰著她的生活、讓她陷入不健全關係的迴圈，也應該深入挖掘童年帶給她的重大影響。

那你內在價值低落的創傷從何而來呢？正如瑞士精神科醫師暨精神分析學家榮格所說：「你沒意識到的潛意識都在主導你的人生，而你卻稱其為命運。」你也必須深入挖掘，開始更清晰地看待自己的童年。後文會提到，父母假如常常情感封閉、有條件地付出愛或過度批評，會大幅削弱自我價值感。你的父母或伴侶是否展現過這些特質？

情感封閉

父母的情感封閉會對你產生影響。每個人情感封閉（unavailability）的背後都有故事，但是自己的父母在生活中情感封閉往往伴隨著痛苦、困惑和孤單，通常會導致自我價值低落的創傷。家，是我們希望獲得指引、關愛、連結和安慰的地方。當然，歸根究柢，相信自己有價值是內在的練習，但我們小時候的自我價值，往往緊扣著生活中的成年人對待我們的方式、對我們說話時的語氣，以及聊到我們時的態度。家，也是我們認知自己是否重要、是否有價值、或是否值得善待的地方。原生家庭是建立、鞏固小孩價值觀的核心，而家庭關係的重要功能是形塑小孩的人生福祉。

情感封閉可能的表現是反覆無常、缺席或像薇若妮卡那樣被遺棄。

反覆無常是情感封閉數一數二常見的形式。想想說話前後矛盾的父母，有時在幫你做功課時是你最可靠的啦啦隊，有時卻因為你無法自己解題而批評你；有時你情緒起伏很大時，他們懂得說些鼓勵的話，但有時又叫你好好忍耐或自己面對；有時你犯錯或做出惹父母生氣的事，他們可以用關懷的語氣與你聊聊，但有時卻會語帶批評、刻薄和責難。研究顯示，如果父母（母親尤其如此）在讚美、肯定和表達關愛等方面反覆無常，小孩可能缺乏自尊心、更容易陷入憂鬱。

假如你經歷過以下情況，便代表父母曾反覆無常：

◆ 你不知道父母會展現什麼樣貌：溫柔關愛或責罵批評；輕鬆自在或生氣煩躁。

◆ 你無法預測父母的反應或後果：有時可能寬容，有時可能極度嚴厲。

◆ 你不確定父母會如何跟你溝通：有時語氣小心謹慎，有時卻不在乎你的感受。

◆ 你從來不知道父母有多關心你的生活：有時他們會展現關心，有時卻不聞不問；有時可以花時間和心力在你身上，有時卻又不見人影。

父母太過反覆無常可能會讓你心生困惑，懷疑起自己是否受父母重視，也懷疑起自我價值，以及是否自己不夠好。

在此我要強調，我並不是指你踢了幾百場足球比賽，父母錯過幾場就代表反覆無常，也不是指平時用心陪伴小孩的父母，偶爾在家加班工作就是反覆無常。我所謂反覆無常的程度，是誇張到讓小孩無所適從、一頭霧水，促使你懷疑起自己的價值。

父母情感封閉的形式不只有反覆無常，有時還會完全把自己抽離，造成物理或心理上的隔閡。缺席的父母可能因為工作經常好幾個月不在家、因為心理健康問題無法參與小孩的生活與教養、花較多心力照顧新家庭而忽略你、或單純不想要被打擾。

父母缺席的原因不論為何，都會讓你懷疑自己的價值。當然，他們缺席的原因可能有脈絡可循，但暫時先站在小孩的角度思考一下。大部分小孩的情感發展都不夠成熟，無法理解父母缺席或困窘的原因，反而常常會在心裡自責，其他理由難以體會時更容易如此。

就薇若妮卡來說，情感封閉是因為離家出走所造成。母親光憑一句「不適合媽媽」，就拋下了她、父親與姊姊，沒有多加解釋。

「不適合媽媽」是什麼意思？

薇若妮卡直接解讀成是自己不夠好。

在她五歲的身體裡，自我價值低落的創傷逐漸成形，導致她一輩子都在質疑自己的價值。

「我媽離開後，我和我姊哭了好幾天。我姊大我兩歲，所以我都問她為什麼會這樣，只是七歲大的小孩哪可能想得出答案。我們陪著彼此聊了好多好多，還會翻媽媽的東西，看看能不能找到蛛絲馬跡，但是什麼都沒有。我們的結論是，問題一定出在我們身上，不然其他原因都說不通啊。如果她不適合當媽媽，代表她的小孩才是問題所在，對吧？不然反駁我看看呀。」

我稍微陪著她感受浮現的傷痛、正視它的存在，接著說：「想必你一定沒辦法相信自己值得一段長久的伴侶關係，不認為有人可以陪在你身邊，畢竟你媽媽沒有做到這件事。」

這其實並不是一個問題，我已知道答案了。

薇若妮卡也知道答案，但這是第一次有人在她面前毫不掩飾地說出來。

你可以回顧一下自己的童年，看看父母對你是否有情感封閉的情況嗎？當反覆無常、缺席或遺棄發生時，你可以去覺察自己的感受嗎？

我們一起試試看，好嗎？

- ◆ 從小到大，對我情感封閉的人是 ＿＿＿ 。
- ◆ 我遭遇到情感封閉的類型是 ＿＿＿ （例如反覆無常、缺席、遺棄等），那段經驗留給我的記憶是 ＿＿＿ 。

你很棒唷,已開始探索過去了。情感封閉不見得是你記得的事,父母還會以其他方式在小孩內心烙下自我價值低落的創傷。

有條件的愛

我認為愛可以無條件,但關係需要有條件,像是伴侶關係、成年人的家庭關係與友情的形成都需要條件。但對於小孩來說,無條件的愛格外重要,他們在經歷各式各樣的「第一次」時更是如此。

無條件的愛把小孩與行為區分開來,告訴他們即使犯錯、搞砸、讓人失望,也無損他們值得的關愛和價值。

拒絕關愛、溝通或原諒來當作懲罰手段,可能會成為小孩最為心碎又痛苦的經驗。我的父親過去就常常如此。只要我難搞不配合(就是行為幼稚或叛逆),讓他不爽當下的情況就會大發雷霆,接下來數天甚至數星期對我不理不睬。這樣的懲罰方式很殘忍。當時,我沒有現在的知識。他的激烈反應肇因於無法面對彼此的情緒,他不知道如何接納情緒,所以他就學會用冷漠來回應。這就是他的溝通方式,也是教訓我的方式,運用權威和控制來達成目的。

但我不喜歡父親這個樣子,加上自己也不輕易退讓。我學會了跟他冷戰,他沉默一天,我就沉默一天,他沉默一星期,我也沉默一星期,就看誰願意先開口!我可以跟他耗下去。但這樣無法改變的事實是,我更加相信只要自己難搞,就會發生不好的事。而當我展現難搞的一面,也確實發生了不好的事;愛變得有條件了。

在此要釐清一下，我區分的是導致自我價值創傷的「有條件的愛」，以及小孩需要的「無條件的愛」，但並不是說無條件的愛就沒有後果。我的意思是固然小孩有時需要承擔後果，但也要讓他們放心自己仍然被愛。我真正需要父親說的是類似以下的話：「我很不喜歡你剛才的行為喔，這個週末你不准跟朋友出去，但是爸爸愛你，只要你準備好了，很樂意跟你聊聊。」

「我愛你，我就在這裡。」

「我愛你，你對我很重要。」

「我愛你，我不會離開。」

「我愛你，你很安全。」

「我愛你，我原諒你。」

「無論你做了什麼，即使必須承擔你行為的後果，這分愛都不會消失。我愛你。」

我並不需要父親放我一馬，而是我需要他給一個後果，然後讓我放心他的愛不會變。然而，他的反覆無常造成了自我價值的創傷。於是，難搞的行為與自我價值的信念重疊：「你不要難搞，就不會有事；你要是難搞，恐怕會眾叛親離。」

我與父親相處的經驗，讓我學會如果自己展現特定的言行舉止，就能獲得愛、連結、溝通和陪伴。他很樂意為了我付出，像是煮晚餐給我吃、教我寫功課等。但如果我越過某條看不見的界線，這些付出就會被收回。他這樣的行為模式持續到我二十歲出頭。如果我是個「乖女兒」，他很樂意順路在商店幫我帶點東西，或在我每天在紐澤西和紐約之間通勤上班後到火車站接我。

但一旦我說了他不愛聽或傷了他的話，他就會懲罰我。我

可能會在晚上十點接到他的電話，說我明天早上六點要找別人接我去火車站。我當然有備案，像是我自己有車，可以開車到車站停，我也大可以叫計程車，只是那時我手頭較不寬裕，而且這也根本不是重點。重點是他在懲罰我，重點是他在運用拒絕的權利來表達不滿。我從中學會如果我符合特定的形象，就可以保有良好的情感連結、陪伴、關愛和自在，否則這些會都會消失。於是，我明白唯有展現輕鬆好相處的一面才有價值，否則就缺乏價值。

- ◆ 在你的原生家庭中，愛有什麼條件？
- ◆ 你需要滿足什麼條件，才能得到情感上的連結或陪伴？
- ◆ 你需要滿足什麼條件，才能得到尊重或重視？

　　有條件的愛剝奪了對於個人的尊重與價值感，但刻薄的言語也可能同樣讓人灰心，有時甚至更為傷人。

傷人的言語

　　對有些人來說，自我價值的原生創傷清清楚楚，沒有誤解的可能。部分父母不只是情感封閉或給予有條件的愛，更直截了當地對小孩說他們一文不值、永遠不會成材、生來就是個錯誤、根本不應該出生、一點用也沒有或可悲至極。這都是言語暴力，毫無疑問，說話尖銳、傷人又戕害心靈。我們會在另一章討論這類暴力，但重要的是認知到自我價值的創傷，可能源頭是有人當面說我們沒有價值。

　　有時，這類情況會一再發生，造成不同形式的傷害；可能是

激動之下說了難聽的話，就此無法被遺忘；可能是羞辱和批判的話語。我們父母的說話方式與用字遣詞，最能反映他們是什麼樣的人，但我們小時候，卻把這些話語和自己劃上等號。

薇若妮卡直到母親離家後，才真正感到父親批判的威力。一開始是惡意比較她與姊姊凱洛。薇若妮卡在被母親遺棄後，在學校和生活都遇到了困難。她父親的反應則是對她語出怒言，要求她多多向姊姊看齊。他會說：「為什麼你不能學姊姊一樣用功讀書？」或「要是你更像姊姊的話，我的生活就會輕鬆許多。」

這些批評真的很傷人。薇若妮卡早已開始叛逆了，但她父親不僅沒有照顧她的心情，反而變本加厲地批評她。

「媽媽才剛剛遺棄我們，又聽到這些批評簡直讓我崩潰。他只會說『多學你姊姊』。多學我姊姊，然後呢？我就會更愛你嗎？多學我姊姊，我就會真的承認媽媽離家出走了嗎？多學我姊姊，媽媽就可能回來嗎？」薇若妮卡的聲音變得沙啞，閉上雙眼，泣不成聲。母親都已遺棄她了，父親說話還這麼傷人，讓她持續質疑自我價值：「就連父親都沒辦法給我愛。」

不是所有傷人的話語都是大剌剌的無情，有時比較拐彎抹角。瑪雅（Maya）的家人彼此關愛、展現支持，但她母親有著身體意象的困擾，經常告誡她絕對不能比理想體重多兩公斤以上，常常說：「不要變胖太多喔。」然後再補一句：「但是就算你變胖了，我還是愛你唷。」

哎呀，出現「就算」這個詞了，聽起來有夠刺耳，對吧？瑪雅過去一直不滿意自己的身體，內心迴盪著這些小聲音：「如果我不減肥，就沒有人會想要我；如果我不減肥，就沒有人會覺得

我有魅力；如果我不減肥，就不值得擁有另一半。」這正是她母親數十年前那些有意無意的勸告所留下的信念。

你回顧自己的童年時，記不記得父母對你說過哪些話，留下了深刻的影響？也許他們今天仍然說著同樣的話，像是瑪雅母親還是會叫她注意體重；也許是他們只有說過一次，但讓你至今都忘不掉。常常會有個案跟我說，光是一次尖銳的評論，就可能決定未來數十年如何看待自己的價值。

我的個案崔佛（Trevor）說，他需要先跟別人成為很要好的朋友，才會開始跟對方交往，因為如果對方可以好好認識他，身高就不會成為他被刷掉的理由。這個心態要追溯到小學五年級，他暗戀的女生在派對上不經意說的一句話：「要是你再高一點就會很帥了。」單單這麼一句話，就讓他質疑自己的價值好多年。

我知道回想那些傷人的批評並不好玩，但脫口的話語是我們的一部分，必須正視這些話語帶來的衝擊。

◆ 從小到大，說話最讓我受傷的人是 ＿＿＿ 。

你把人名說出口時，可能會發覺身體某些感受開始有了變化。這只是單純的資訊，所以放心說出來。

◆ 這些話讓我很受傷，因為 ＿＿＿ 。

你記不記得有句話是「棍棒和石頭也許會打斷我的骨頭，但言語永遠無法傷害我」？（Sticks and stones may break my bones, but words will never hurt me.）沒錯，這是鬼話。大人把謊言包裝成強調韌性的金句。言語當然能傷害你，是人讓言語具有殺傷力。你要

正視言語能傷人的事實。

　　想要探索自我價值創傷的源頭，需要花費不少心力。找出你逐漸認為自己沒價值的心路歷程，可能會翻攪起許多情緒。也許你第一次看見某件事的影響，也許你想起了本來就知道的事。無論如何，其中都有內心的傷口，只是你可能都設法自救。

自我價值創傷的自救法

　　假如小孩的自我價值被鬆動或質疑，可能會用許多方式來回應。有些小孩會變得事事要求完美；有些小孩會設法討好或成為有用的人，證明自己能做出有價值的貢獻；有些小孩會專注追求出色的表現和成就，深信只要自己表現得好，就值得別人的關注、肯定和讚賞，他們會盡其所能來討父母開心，希望這樣會反映自己的價值。

　　有些小孩即使早就離開原生家庭，後半輩子卻仍然走在這條路上。他們會持續向周遭的人展現自己完美的形象，演好演滿、百般討好，希望藉此相信自己也值得美好的東西，像是愛、關注、連結與親密；有些小孩可能會姑且一試，但終究會接受自己沒有價值。

　　多年前在我主持的活動上，參與的成員幾乎都有自我價值的創傷。但其實每個地方都是如此，可能是你的伴侶、你自己、你的朋友、你的同事、你的父母、你的老闆，不必費心尋找，就會發現有人背負著自我價值的創傷、認為自己不夠好。

　　假如你小時候講究完美、想要當有用的人、力求好成績或

討好長輩，我希望你明白我真的懂你的辛苦。你當然會有這些行為、也當然會付出一切，竭盡全力要獲得自我價值感。你還每天加班，只為了感到自己的價值。這些努力都很值得肯定，因為你只是想圖個安全感、重拾繼續前進的自信。也許，你也可以正視自己為了自我價值所付出的努力。

　　現在把手放在胸口，我們試試看。你能否正視為了保護自己所付出的努力呢？能否對於自己目前的成就表達感謝呢？

　　「謝謝你 ＿＿＿＿。我很感謝你這麼努力，因為 ＿＿＿＿。」

　　你從批判自己轉為感謝自己，這是很重要的一步，但通常不會那麼簡單，也許還需要有其他改變，而你過去的習慣可能無法再幫上忙了。但我們過去是怎麼學著在社會上生存，本身也極有價值、十分重要，因此如果可以在內心騰出空間，我們應該要抱持著尊重、感恩與欣賞的心，好好看見過去的努力。

療癒自我價值的創傷

　　轉化並改變是我們必須做的事，但過程不見得會很輕鬆。薇若妮卡有好長一段時間在關係中都無法快樂，卻看不到自己要扛起的部分，老是在怪東怪西，像是伴侶不夠關心她、不夠努力、不夠愛她等。我們需要讓她脫離受害者心態，她才能明白自己也有責任，否則她只會繼續助長相同的關係動能，不斷責怪身邊的人。

　　隨著我與薇若妮卡的晤談關係發展、培養了更多信任，我也能協助她更進一步看清楚自我價值的創傷。我語帶溫柔地說出可

能不中聽的話:「我覺得,你是故意讓人很難選擇你。大家並不想當你的助手,而是想當你的伴侶、想要好好認識你,他們不希望被你交辦做不完的雜事。」

薇若妮卡慢慢明白,自己其實在把別人推開,讓人幾乎沒辦法好好認識她,因為只要沒有通過她準備的種種考驗,她就會出現強烈的反應。她都會問伴侶說:「你為什麼不幫幫我啊?你是不是覺得我不夠重要,才不想先處理這件事嗎?我對你的價值是否不夠大,你才沒辦法接受我的要求?」

薇若妮卡的價值不需要附加任何條件,你也一樣。你值得愛、連結、陪伴、關注、安全等許多事物。你值得一切的美好。但你也不可能任性妄為,相信一段關係會愈來愈好。隨著我們探索薇若妮卡的原生故事,她便能看見自己的價值創傷正在破壞她的感情。她也意識到自己不可能把人推開後,卻又期待對方留下來。她得停止測試別人、學會立下界線、建立一些準則。否則,她只會持續留不住任何關係,進一步證實自己沒有價值的想法。

薇若妮卡的療癒之旅,需要她與自己內心的受害者好好相處。她必須立下界線,持續鞏固自我價值的信念。只要她覺察內心貶低自己的聲音,就可以談一場成功的戀愛。她不必再選擇情感封閉的男子,或刻意避免與情感開放的男子過於親密,而是一步步地開始敞開心胸、與人連結。當她又有衝動想讓伴侶處理其他雜務、或故意想找他麻煩,她就會提醒自己這是自我價值創傷的伎倆,只是要證明她不想再證明的事。薇若妮卡身體力行,這帶來滿滿的收穫,可說是投報率極大。

原生療癒練習四步驟

我會帶你進行無比重要的療癒之旅四個步驟，我稱作「原生療癒練習」。這個架構的基礎是「改變如何發生」的療癒智慧，但重要的是這個練習幫助了我自己和許多個案。四個步驟分別是「命名」創傷、「看見」創傷、好好面對「悲傷」，最後當傷口開始癒合，再「轉向」全新的行為和選擇。

我詳細說明這四個步驟後，你便有機會自己進行原生療癒練習。在 Part2，我們會針對每類創傷回到這四個步驟，深入探討你最有共鳴的創傷。你的練習經驗是細膩且個人化的過程，無關乎「正確」與否。剛開始練習可能不見得容易，只要做到你能力所及的範圍就好，因為之後還會多次重來。你可能會發現自己的感受比平時強烈，也可能在梳理記憶和情緒時，比過去更覺察到自己的起心動念，務必堅持下去，你只要認真投入原生療癒練習，一定會看到許多機會出現，幫助你改變、成長和療癒。

步驟一：命名過去的創傷

如果你對於創傷缺乏認知，就很難加以療癒。而如果你的認知錯誤，則可能會發現自己搞錯療癒方向。別人的生命經驗即使與你類似，留下的原生創傷也可能與你不同。好好好，我知道這也許感覺很麻煩，但這就是為什麼花時間了解自己的生命經驗、留意各種細節、找到你當初受傷的原因，一定會讓你展開療癒之旅，所以我才會說：「好好說出它的名字，不多也不少。」這正是大無畏的第一步驟，需要你喚起勇氣來面對過去，如實地命名當

時的創傷。

你可能還記得第 1 章提到的娜塔莎，她對於父親偷情一事說不出口，同樣難以說出的是更幽微的信念：自己是背叛母親的共犯。另外就是薇若妮卡，她之前在諮商晤談的過程中完全沒聊到自己的家庭，只為了隱藏自我價值低落的創傷。也許對你來說，說出創傷的名字也伴隨著風險，像是正視創傷的源頭是當初父母或照顧者情感封閉、有條件的愛或傷人的言語。這個階段讓你直接面對衝擊你生命的經驗，要你誠實地看到它們的存在，而不是以任何方式淡化、誇大、否定或扭曲經驗。重要的是慢慢來，說出過去的創傷。如果你不勇敢面對過去，你的生活就可能被不明的經驗所主宰，而我可以向你保證，一定會有這個後果。

步驟二：看見過去的創傷

有人看見自己，是畢生最為深刻的經驗。在這個療癒的脈絡中，我們先定義一下：「被看見」的意思是你自己（沒錯，你也可以見證自己的故事）或別人認可你的故事，見證你的傷痛與任何衝擊你的經驗。有人聽見、有人看見、有人承認你的存在。

你的生命經驗有人看見後，可能就此改變你的人生軌跡。光是這樣單純的肯定，就可以協助你脫離你拼命想甩掉的慣性，所以不要低估它的力量。而見證的意思是真正地看見經驗、感受經驗、連結經驗並且（彷彿）身歷其境。

有人深刻地看見自己的生命經驗，有時正是打破慣性的關鍵力量。

我清楚記得第一次覺得丈夫真正看見我的時刻（我連現在

寫下來都感動到不行）。當時，我正在與家人講電話，對方拼命想替自己辯解，不去聽我想說的話。我們倆之間的互動數十年來如一日，讓我身心俱疲。我內在受傷的自己一直想讓她聽見我的話、理解我所受的傷，負起她應有的責任，可惜沒有一次成功過。每失敗一次，我就覺得更加受傷。

那天傍晚我丈夫康納（Connor）也在家，我跟家人講電話講到氣氛緊張又無奈，當時剛好是免持聽筒模式。他只是坐著聽我們的交談。對話過程與以往一樣，但接下來發生的事讓我內心的某個癥結點獲得釋放。

我掛了電話後，找康納聊聊天。他說了自己聽到的內容。難以置信的是，他的主觀經驗也正是我的經驗，他聽到的東西跟我一樣，還肯定我的感受和挫折。在那一刻，他不但真正看見我，還看見了過往「每一個我」。我與那位家人一再發生相同的爭執，持續了數十年。我的內在小孩覺得有人看見了，成年的自己也覺得被接住了。

不知為何，儘管我與那位家人之間的動態沒有改變，我卻不再感到孤獨。我不再需要他們「懂我」、理解我的觀點，因為只要有人懂就足夠了。光是這一刻，就讓我脫離了數十年來的有害慣性。

稍微咀嚼一下其中意涵。「看見」不需要依賴特定的人。當然，我們可能希望特定的人聽見我們，但我在生活和工作上都發現一件事，不管是誰看見自己的生命經驗，都足以改變命運的軌跡。

有時造成傷害的當事人能聽見你的感受。有時看見你的人是自己的伴侶，有時是你的朋友。有時，你放慢腳步看見了自己。

而在我主辦過的所有僻靜營中，陌生人也可以看見彼此的生命經驗。這些勇敢的個體聚在一起數天，素昧平生，營隊結束後也可能永遠不會再相見，但他們卻能好好看見對方，共同參與一段改變生命的療癒旅程。

只要我發現自己再次陷入慣性中，就是需要再次被看見的時候了。這通常無法一勞永逸，實際上也鮮少如此。在這些要重啟生命力的時刻，我可以求助於伴侶、懂我的摯友或我自己。

步驟三：在內心為悲傷騰出空間

我們想到悲傷時，多半會想起失去所愛的人。在我們探索原生家庭時，悲傷的過程是在回應失去「部分的自己」，也就是失去了在傷口、痛苦和創傷發生前的真實自我。你必須體驗的悲傷還不僅如此。許多人還必須擺脫舊有因應傷痛的方式，這些方式都讓我們與內在的自我脫節，想要好好正視更是格外痛苦。也許你靠著戕害身體來因應傷痛，也許你會與自己根本不想親近之人發生性關係來逃避，也許你會批評自己、動不動就責怪自己。你會練習好好地悲傷，進而擺脫這些負面的因應策略。

看見和悲傷的過程都可能造成情緒起伏劇烈。你的生命經驗無論是被自己或別人看見，都會有如釋重負的感受，好像某個閥門打開，原本封閉的能量突然開始流動。你從保護自己的狀態，轉變得更加開放、展現動能。

閥門關上時，我們傾向防備自己，身體呈現緊繃，在這個情況下很難完全感受我們的情緒，而且不是否定情緒、就是壓抑情緒。

　　此處的悲傷，是去覺察有人看見後所浮現的所有感受。一旦閥門打開，就讓自己與之共處、細細感受。你想必已猜到了：只要你在內心為這些感受騰出空間，它們就會全部湧入！這件事十分正常，完全在預料之中。你在悲傷時沒有所謂正確的方式，體驗感受時也無所謂快慢。你只需要知道，自己終究得慢慢摸索，無法逃避、否認或壓抑，才能真正穿越悲傷。這正是你在此的原因：你必須感受你的感受。

　　要謹記在心的是，你失去的東西並不是永遠失去。你可以重拾自我價值、歸屬感、重視、安全感與信任感；你也可以重拾內在的活潑、自在與喜悅。

步驟四：轉向新的道路

　　我內心的運動員向來覺得「轉向」（pivot）恰如其分地說明了這個步驟。轉向是指快速的轉換方向。如果你在田徑賽或球場上能靈活轉向，對手就難以預測你的動作。而你的有害慣性就像是厲害的防守，能預測你的下一個動作。

　　你的任務就是要改變這些慣性。你的行為模式固定，就會助長慣性形成，所以假如你想改掉有害慣性，就需要打破僵化的行為，直到你養成更有益於自己的慣性為止。

　　這個過程需要你的覺察，開始選擇如何引導自己走向新的結果。在康納真正看見我以後，我也有很多次需要看見自己、花大量時間悲傷。正如我先前所提，這件事釋懷後讓我發覺，自己不需要再以相同的方式與家人爭執。這個領悟並不是轉向本身，而是每次我沒有與之起舞才是轉向，即使舊有的慣性努力要發作，

我最後仍然選擇不予理會，這才是轉向。

　　轉向是重新對自我承諾，像是在說：「我看見你，而且我肯定你。」正因為有好好地看見與悲傷，才有可能肯定自己，否則很難轉向。這就是為何你可能心懷好意、埋頭苦幹地向目標前進、一遍又一遍對自己許下承諾，卻仍然發現自己跟相同或不同的一群人原地踏步。

　　如果你發現想要改變卻力不從心，就代表你還沒有充分地看見經驗、好好悲傷。沒有先找出傷痛、看見傷痛、感受傷痛，你就無法真正從傷痛中走出來。這個用意不是要折磨你，而是要把你的痛苦和創傷當一回事。

　　我可以向你保證，一旦你能如實說出創傷的名字，就會得到大幅的解脫與自由。我想起了自己很喜歡的演說家伊雅娜・范贊特（Iyanla Vanzant）金句：「當你可以直直地看著傷痛、承認它的存在、如實說出它的名字，決定它在你生命的角色。親愛的，這樣你就朝向自由邁出第一步了。」親愛的讀者，你已在路上了，正踏出邁向自由的第一步。

原生療癒練習

　　如果你準備好進一步展開這個療癒練習，我建議留給自己時間和隱私。再次強調，這個練習的用意，是要幫助有自我價值創傷的人。如果這不是你的創傷，隨時跳到下一個章節，確認屬於你的創傷。在 Part2 的每一章裡，都有相對應的原生療癒練習，因此你可以進行適用自身創傷的練習。前往網站（www.

viennapharaon.com/audio）收聽這五大類創傷的原生療癒練習語音引導。

療癒的過程是非常神聖的體驗，可以帶領我們到另一個境界。一般來說，我會鼓勵布置一個舒適的環境，可以擺些枕頭、把自己裹在毯子裡，或坐在冥想墊上、點個蠟燭。沒錯，你正在營造適合療癒的氛圍。

無論如何，只要你覺得安全自在就可以。我喜歡閉上眼睛，完全投入當下。這對我有用，但有些人可能喜歡眼睛保持打開，因為這帶給他們安全感，清楚看到沒有人在自己的空間中，以及周圍發生的事。這件事沒有對錯之分，只有適合你自己的方式。這也可能是你偏好的諮商進行方式。好好看見，如果你正在經歷創傷，必須要好好照顧自己，過程中得有人可以引導你、支持你、協助你打造安全的空間。

我們現在就開始吧。

命名：專注在你記憶中第一次質疑自我價值的時刻，帶著溫柔的心，看看你能否回想起那次的細節。當時你在哪裡？還有誰在旁邊？你幾歲？穿什麼衣服？是誰說了什麼話讓你質疑自己的價值嗎？盡可能去留意細節。

看見：更加關注自己、關注你看見的年輕自己（不是在此刻做練習的自己）。這就好像你在觀看自己的錄影一樣，我希望你留意當時經歷的感受。薇若妮卡進行這個練習時，看著五歲的自己聽到母親說要離家出走、看著自己目睹媽媽上車愈開愈遠。薇若妮卡看著小時候自己的經歷，開始心疼那個小女孩，因為就是

在這件事後，小女孩開始質疑自己的價值。

悲傷：此時，你可能會開始感覺到情緒。你可以允許情緒出現嗎？你可能會共感多年前自己的處境。你可能會心疼小時候的自己必須忍受被大人遺棄、或獨自消化傷人的話語；你可能也會心疼小時候的你把自己隱藏起來，只為了討好別人或獲得關愛。好好連結小時候的自己，留意你此刻想替他做些什麼。是否想抱抱小時候的自己？是否想告訴他，你很心疼他不得不承受這一切？是否想把他抱起來，告訴他一切都會好起來？你內心有股衝動想做什麼嗎？只要留意就好，讓情緒自然來去。

停留在此刻，時間長短由你決定，只要舒服就好。如果你的眼睛閉著，可以給自己一點時間，再慢慢回來當下的空間。眼睛閉著時，慢慢動一下手指，還有腳趾。也許伸展一下脖子，或把雙手擺在胸口或肚子上，也可以回來覺察你的呼吸。想想看，睜開眼睛會看見什麼？你還記得自己在哪裡嗎？然後用非常緩慢的速度，睜開雙眼，完全按照自己的步調即可。

你剛剛向前邁進了一大步。好好悲傷不是一次就能解決的，你可能需要反覆回到這個練習。當我有意識地面對自己的悲傷，多半會一而再、再而三地練習，每次回顧六歲或九歲的自己，都會發現新的細節、留意到新的東西，每次花時間去悲傷，都覺得既熟悉又陌生。因此，我要送給你這個練習，你想要做幾次都沒問題，可能每天都練習並持續一星期，或練習一次後隔年再做、五年後再做。我非常以你為榮。

轉向：想想看，你的自我價值創傷現在都如何浮現？你現在在哪段關係最能看見這個創傷？你會討好、演戲、隱藏或逃避，

以保護自己不受創傷影響嗎？你可以花點時間設想一下，假如你真的感受到也知道自己的價值，你覺得會有什麼改變嗎？假如你清楚自己值得被愛，你會怎麼停止演戲？假如你覺得自己受重視又有價值，你會怎麼揭露真實的自己？轉向就是要你逐漸習慣慢下來、花點時間釐清自己的下一步。要不要試試這個句子接龍？「如果我認為自己有價值，我會做出的一項改變是 ＿＿。」如果在一段關係中，你覺得自己沒有價值，決定不再討好、演戲、隱藏或逃避，會發生什麼改變？這個星期，我只要你單純去留意一下，有沒有任何契機可以用新習慣取代舊習慣，單純留意就好，現在不需要有其他行動。

　　呼！思考這些問題真的很辛苦！留意一下內心有沒有任何刺痛的感受，好好覺察自己的狀態。自我價值不可能一朝一夕就建立，任何原生療癒工作也一樣，都要不斷地重新對自己承諾。我看見你在付出努力，非常期待繼續與你同行。

4

我想要有歸屬感

　　每個小孩乃至於每個人，都渴望成為群體的一分子。我們想要做自己，卻也想融入更大的群體。我們想要有歸屬感。

　　當家庭或群體不去逼我們違背真實的自己，我們就會覺得受到尊重又安心，美好的歸屬感便可能油然而生。成為群體的一部分，極其重要又珍貴。

　　可惜的是，許多家庭和群體有特定的運作方式，常在有意或無意間，期待你去滿足他們的期待、維護他們的原則。個人往往會覺得，必須犧牲自我才能融入群體，甚至才算是家中的一分子。但願歸屬感不需要爭取就能得到，可惜我們的願望不見得都會成真，有時永遠都不會成真，有時則是付出不小的代價。假如小孩常常覺得自己像是外人，長大後極有可能會缺乏歸屬感。

歸屬感創傷的源頭

　　「在這座城市裡，難道沒有男同志跟我一樣想要定下來、當個普通人就好嗎？」

　　我的諮商室門還沒關上，滿臉沮喪的尼爾（Neil）就走了進來，一屁股坐在沙發上，直接把頭往後靠。他三十二歲，數個月前從西維吉尼亞搬到紐約，一個月前開始找我諮商。

　　「你所謂的『正常』是指什麼呢？」我問他。

　　「呃，你懂我的意思吧，就是我不需要一直出去開趴，我想要一個伴侶就好，想要晚上可以待在家，想要忠於一段感情。我不必因為關在櫃子裡好多年，就非得要大玩特玩來補償自己吧。」

　　尼爾前晚才出門參加派對，玩翻天了。他在搬到紐約前，從來沒有碰過毒品，連酒都是很偶爾才喝。如今，他覺得自己太失控了，於是來找我，想釐清這一切轉變。

　　「你覺得派對上那些人帶給你壓力了嗎？」我問。

　　「完全沒有。奇怪的是，我一點壓力也沒有。但是我明明不想要，卻因為別人給了這個機會，加上身邊的人都這樣，我就跟著做了。」

　　我問尼爾，他新養成的吸毒慣性是否為了要融入環境，最終想找到歸屬感。

　　他聳了聳肩，開始沉思，然後說：「這個說法很有意思。」

　　尼爾曾夢想來到紐約能找到在家鄉苦尋不著的東西：讓他覺得自己無異於常人的社群。但來到紐約不久後，他才體悟到就連在同志社群中，他依然覺得自己格格不入。尼爾想要一對一的穩定關係，與價值觀相似的伴侶共度一生，卻都是遇到只想發生關係的男人。他的挫折感滿滿，但在我們初次晤談前，他沒有意識到自己受到的影響。

　　從小到大，尼爾的排行夾在兩個哥哥、兩個妹妹之間。他跟我說：「我小時候就是異類，不像我哥他們喜歡運動，老是讓我爸失望，完全不符合他對兒子的期待。我也很清楚這點。我媽和我妹她們女生就是自成一國，我也無法加入。」

　　尼爾的父母信仰十分虔誠，小鎮上大家都知道彼此的事。尼爾不得不變得善於隱瞞他不想曝光的任何事，像是隱瞞自己的同志身分。他把家人蒙在鼓裡整整十四年，而街坊鄰居毫不知情的時間更久。多年來，尼爾極盡所能要融入家庭，嘗試了他父親要他從事的運動（但其實他私底下根本痛恨所有運動），也一定會刻意聊到自己暗戀的女生。尼爾假裝自己是異男好長一段時間，卻仍然改變不了他覺得自己格格不入的事實。

　　他下定決心跟父母坦承自己的性向時，他們難以消化。他的噩夢成真了。父母不僅無法接受，還口出惡言，遭恐懼和不安給吞噬。

　　家人意見分歧時，可能會出現不同的反應。由於尼爾的父母對性向既定的信念強烈，聽到尼爾是同志的當下，腦袋跟當機沒兩樣。他們深信同性戀是既錯誤且糟糕的罪，自己的兒子是同志就代表他們教養失敗。他們太害怕被鎮上其他人指指點點，結果就是把批評轉嫁到尼爾身上。

　　那天晚上他聽到父母對話。「我記得我媽那天晚上一直哭，我坐在他們房門外面，聽著他們說我的事情。我媽跟我爸說，她的人生被我毀了。接下來有好幾個月，我每天晚上都在哭，因為我真的不懂，為什麼我的同志身分會毀掉她的人生。」

　　一切就此改變，卻也都沒改變。尼爾的內心依然缺乏歸屬

感，他父母開始忽略他的存在，只有提到行程等安排才會跟他說話，他的哥哥和妹妹也是如此。他的母親明明白白地跟他說，雖然他現在還住在家裡，但他不准再跟任何人說這件事，絕對不能讓社區的人知道。無論他當時有沒有出櫃，都不可能與家人和樂融融了。

　　他明白父母被他的同志身分嚇壞了。「我的老家在保守的南方，信仰非常虔誠。我知道他們沒辦法理解，但是我萬萬沒料到他們對我的態度前後差這麼多。我以為，他們難過歸難過，但是之後會放下，還是愛我的。」理智上，他能理解父母的難處，但心痛也是事實。父母怎麼能不理自己的小孩，把他完全當成外人呢？

　　我們生來都是獨一無二。在健康的環境中，我們學會要接納、讚揚每個人的獨特，既可以做自己，也可以融入群體。

　　但有時我們身處的體系無法接受那些固有的差異。部分父母也不曉得如何處理家中不一樣的小孩。這往往代表小孩至少在早期不得不聽命於父母。

　　小時候，你對於接收到的信念教條沒有話語權，設法融入才是王道。缺乏歸屬感通常會把人逼到角落，然後就得在群體和自我之間二選一。對小孩來說，選擇自己的風險太大，寧願歸屬於群體。往外找來的歸屬感，即使只是假象，帶來的仍然是接納、肯定與愉悅，難怪大部分的人起初都會努力融入。

　　然而，差異早晚會開始浮上檯面。也許你在童年就不願意順從體制，也許你成長過程中質疑父母的信念，也許你出社會後才開始走出自己的道路；也許你像尼爾一樣，找到一個群體或地

方，欣然接受你的不一樣、讓你解放真實的自己。無論你脫離家庭信念與生活方式的時間點是早是晚，如果父母接納差異的能力有限，小孩就會相信自己不被認同。如果父母或群體無法給予足夠的空間，容許不同個體的存在，小孩就會覺得自己的本質遭到否定。雙方的價值觀發生碰撞，父母又無法調和兩者，結果便是大小衝突不斷，伴隨著歸屬感的創傷。

無視與迴避

　　家中的小孩跟別人不一樣，有時回應方式是迴避。成年人會自我說服，覺得只要裝作沒這回事，差異就不存在，至少不需要馬上處理。有時，成年人這樣做是為了保護自己，有時是因為覺得他們在保護小孩。

　　但正如我常掛在嘴邊的話，你無法透過迴避來療癒。同樣地，你也無法透過迴避來實現接納與和解。家人選擇無視和迴避來面對你的不一樣，歸屬感的創傷就會出現。

　　我在二〇一五年認識崔西（Trish），但她的故事從此留在我心中。崔西天生罹患腦性麻痺，影響了她的行動、肌肉張力和姿勢。崔西走路都一拐一拐，坐下來和站起來都比一般人要辛苦得多。然而，崔西的家人從未討論過她腦性麻痺一事。「每次我問他們我怎麼會這麼奇怪，他們都會說我一點都不奇怪。他們非常希望我像正常人一樣，就假裝什麼都不奇怪，完全無視我有腦性麻痺。」

　　這對崔西來說，是極大的衝擊。她明明知道自己不大一樣，但她的家人卻不願承認這件事。學校的同學每天都會開她玩笑，

但當她回到家後滿肚子的問題卻得不到答案，家人都說那些人「只是嘴巴很壞」，她一點都不奇怪。崔西的父母設法保護崔西自己，卻只帶來更多的不安與混亂。臨床醫學心理學教授暨暢銷書《背離親緣》（*Far from the Tree*）作者安德魯・索羅門（Andrew Solomon），談到了他所謂的「水平身分」（horizontals），即截然不同於父母的特質，像是身障；他也提到這些通常會被當作需要治療的缺陷，而不是獲得接納與滋養。

崔西已因為腦性麻痺感到格格不入，而雖然她的家人並無意傷害她，但他們視而不見，而不是正視疾病，反而大幅加劇了創傷。崔西需要父母找到方法來彌補、面對疾病帶給他們的恐懼和疑慮。她需要父母與她同一陣線，致力找到最佳方向邁進。崔西說：「身體跟別人不一樣已經夠辛苦了，但當你苦苦哀求他們正視這個傷痛，他們都沒辦法做到，真的會造成很大的傷害。我為此煩惱了有好長一段時間，到現在都還在努力尋找平衡。」

如果你主觀經歷的事實曾遭到否定、無視或迴避，就明白這很容易讓人質疑起自己的經驗與真相。久而久之，這可能會剝奪你的自信、讓你缺乏篤定與信心。你覺得自己站不住腳後，就可能會改變自己，只為了融入環境，或把自己當成外人。

你與家人有哪些不一樣的特質？你與周遭環境又有什麼不一樣？你父母或家庭系統中的親戚會迴避或無視你的差異嗎？他們怎麼迴避或無視呢？

我們先稍微探討一下吧。

◆ 我不一樣的特質是 ＿＿＿＿ 。

- ◆ 最常迴避和無視我個人特質的是 ____ 。
- ◆ 假如他們能正視我的特質，差別在於 ____ 。

控制欲

相較於其他面對差異的方式，迴避看似屬於溫和的方法。對於無法接受小孩特質的父母來說，往往會想施加控制。他深怕自己的信念與原則遭受質疑或挑戰，擅自預設公認可接受與不可接受的行為。如此一來，他們就絕對不必冒著犯錯的風險。直接下指導棋讓人保持不變來得簡單得多，刻意打造空間讓人做自己、讓他們拓展自己的人生和眼界則困難得多。

卡爾（Carl）出身海軍家庭，時常要搬家。家中三個小孩，卡爾是老大。卡爾的父親出國時，他就是母親的小幫手。卡爾的父親在家時，控制欲極度強烈。小孩全都必須在父親訂好的鬧鐘時間起床、像大頭兵一樣整理好床鋪，然後上學前進行數小時的體能訓練。父親有自己的生活、信念和做事方式，也要求子女乖乖遵守。

卡爾痛恨一大早就要按表操課。卡爾告訴我：「自願當兵的不是我們，是他才對。」卡爾跟弟妹不一樣，他會私底下拜託母親去跟父親談，但她從來沒做到。在某次晤談時，他說：「我全部都照做了，但是真的有夠慘。」

我問卡爾，他覺得有無可能向父親坦白自己的感受。

「他一定會說，我要什麼並不重要，然後叫我要像男人一點。」

　　許多家庭都有各自的規矩與期待。我們通常很早就懂得何謂家中一分子，以及我們背負的責任。成年人可能教導我們去信仰哪個宗教、需要遵守哪些禮節、應該如何穿著打扮、哪些人生選擇才適當、可以喜愛哪些對象。無論是否明確表達，這樣的弦外之音有時變得太過壓迫：按照我們的方式生活、你就屬於我們家的人；如果你跟我們不一樣，就不是家中一分子。當家人的期待成了控制，就很容易形成歸屬感的創傷。

　　控制欲不僅僅會影響孩子，往往還是父母避免面對自身內疚、羞愧或尷尬的方式。控制欲其實是想要安全感，讓施加控制的人不必面對自己的恐懼，像是自己深怕沒有價值、不值得愛或不夠好。「如果我可以為你選擇、逼你、勸你或說服你去……我就可以放心迴避自己內心的恐懼。如果我能讓你聽我的話，我自己就永遠不必屈服。」這是施加控制之人面臨的最大假象。

　　控制的習慣也是代代相傳。卡爾提到，爺爺比父親的控制欲更強。我們討論到卡爾父親對待卡爾的方式，其實源自於卡爾的爺爺時，我看得出來卡爾在內心騰出了空間去理解此事。他開始意識到，父親的成長過程都受到控制、十分痛苦，只是在把這個傷痛傳遞下去。

　　但理解無法改變卡爾面對的現實，也不會改變你面對的現實。這也許補上事件的部分脈絡，但不會改變控制本身對你的影響。如果你在成長過程中遭受控制，可能難以覺得自己是家中受到重視與尊重的一分子。

　　控制是緊緊地抓住，不但令人窒息，而且還拼命要消除你的不一樣。這樣的經驗十分可怕，難怪最終大家不是屈服於鐵腕、

就是起身對抗，或運用其他創意的方式來讓自己可以喘口氣。

你的家人面對你的相異之處，誰會設法加以控制呢？我們先花點時間，重新確認你有何不一樣。你可以命名嗎？

◆ 我跟家人不一樣的地方是 ＿＿＿。

我們再稍微往下探索：

◆ 看到我不一樣的地方，家中展現控制欲的人是 ＿＿＿。
◆ 對方控制我的方式是 ＿＿＿。
◆ 這樣控制讓我印象最深的是感受 ＿＿＿。

不寬容與羞辱

不寬容是指無法或不願意接納與自己不同的觀點、信仰或生活方式。一般來說，父母希望帶給子女最好的一切，希望子女成功、健康、得到愛和歸屬感，然而一旦有家人無法從容以待，面對截然不同的小孩，可能會讓家人的交流完全中斷。

對於尼爾來說，有一段時間，他的父母難以與他保持良好的關係，因為接納他的性向代表要摒棄自己長期以來的信仰。假如想要接納和關愛同志兒子，父母就得修正自己對於性向的僵化認知，這又會動搖他們核心宗教與政治信仰。

不寬容的另一類展現方式，就是父母無法接受你愛上的人擁有不同的宗教信仰，或是父母無法接受你的政治、宗教或種族觀點相異，還因此想方設法來排擠你。家人的信仰不允許偏離或無法寬容異見時，通常會訴諸於羞辱或驅逐不聽話的個人。這根

本與你無關，幾乎都是他們的問題。你展現的差異反映到他們身上，往往凸顯他們自己的不安全感、懷疑和羞愧。這些背後的動態一律遭到無視時，就會傷害個人、侵蝕關係。

面對子女展現的差異，語帶羞辱可說是最具殺傷力的回應。這會讓小孩相信自己本質就有缺陷，因此不可能得到愛。你羞辱自己就夠難受了，被別人羞辱，特別是你渴望能關愛你、引導你、滋養你和保護你的重要親人時，更可能帶來強大的無力感。

我剛認識布莉（Bri）時，她的內在毒舌（inner critic）說話非常難聽。內在毒舌是諮商師所謂腦海中自我批評的聲音，它通常有很多話要說，多半相當難入耳。但我向來都主張，內在毒舌也有原生故事，起初毒舌的人絕對不是你自己。內在毒舌的各種批評其實是學來的，而布莉是從母親身上學會羞辱自己。

布莉的父母離異後，她在福音基督教家庭中長大。她母親在最低潮的時期開始信教，但她信教的方式非常嚴格，布莉不被允許展現大多數青少年會有的行為。布莉買了人生第一條丁字褲時，她母親崩潰了。「她開始大哭，說我會下地獄。我知道這樣有點不對勁，但是當時她說的話就是真理。我覺得自己是壞小孩，做什麼都被羞辱。不管我是交男朋友、參加舞會、穿得太有個性，她都會說我在『走撒旦的道路』。真的瘋到不行。」

母親三天兩頭的羞辱，讓布莉覺得自己格格不入。雖然她不覺得自己做錯事，但她生命中最重要的人，居然說他做錯事。多年來，布莉的生活都得看母親的臉色，但終究接受了不可能取悅她的事實。

從小到大，布莉只要想走出自己的道路就會被狠狠地羞辱，

因此把羞愧感內化了，成年後依然過得辛苦。當你一再批評、指責和羞辱自己，就沒辦法擁抱真我、找到歸屬。

　　你本身的獨特差異，通常會招致哪些羞辱或批評？思考一下，羞辱與批評怎麼助長你內心自我批評的小聲音？你也許早就知道自己的內在毒舌了，但可以找出它的原生故事嗎？如果你也同意內在毒舌絕對不是始於你，你可以思考一下，源頭究竟在哪裡？

- ◆ 我的內在毒舌最常說的話是 ＿＿＿ 。
- ◆ 它的原生故事是 ＿＿＿ 。

社會制度的衝擊

　　當代人愈來愈不重視禮節，導致我們更加害怕與朋友和陌生人意見不合。社會也愈來愈趨於兩極化，大家深怕在社群媒體上遭封殺，或因為信仰跟鄰居不同而被趕走。與其展現真實的自己，乖乖從眾容易多了。

　　並非所有創傷都始於原生家庭，也不是每個創傷都一定追溯到童年。因此，凡是有關歸屬感創傷，務必要正視社會、行銷、社群和制度帶給我們所有人的衝擊和壓力。

　　行銷無所不在，鎖定你的不安全感來賺錢、利用我們對於「不一樣」的天生恐懼；社群媒體工具創造了「完美」形象，扭曲了現實，讓你看到別人「更好」的生活而自嘆弗如。我們備受社群恐慌症（Fear of missing out，簡稱 FOMO）之苦，不想錯過大家都有的共同體驗。美國審美標準長期以來一直反映歐洲審美標

準，強調皮膚白皙、苗條與高挑。而電視節目、電影、廣告和雜誌中鮮少出現不同文化、膚色、性向光譜或所謂非傳統戀愛關係，讓數百萬名兒童和成年人都難以認同這些一再出現的角色、關係或職涯，這個現象近年才有所改變。

沒有人希望成為「他者」、沒有人希望被冷落、也沒有人希望自己格格不入。然而，這卻是許多人的經驗。可能在家裡、在學校或在社區有孤單的感覺，所以才有許多人走向自認可以得到歸屬感的地方。

語言轉換（code-switching）是指一個人學會調整口音或方言，或改變他們的行為和外表以便融入。這在群體中十分常見，有色人種有壓力要「更像白人」或更主流，像是黑人小孩或中東小孩學著融入白人為主的社區或學校，或是同志去符合異性戀標準，或是二元體制中的非二元個體，又或是小孩拿全額獎學金就讀私立學校，努力隱藏明顯的階級差異。

我認識凡妮莎（Vanessa）時，她好像對於能諮商甚感欣慰。她當時與前任分手分得難看，正努力想走出來，但她才剛成為單親媽媽，又要消化和哀悼關係的結束，對她來說簡直是一場噩夢。她覺得既丟臉又羞愧，不想聽親友提到她前任（年紀小她很多的運動員）便說：「就跟你說會分手吧」。

「我知道你要說什麼。」她開口，以為我會對兩人的年齡差距有所批評，但這其實透露出她內在的評價。

凡妮莎是獨生女，小時候父親就過世了。她的父親是黑人、母親是白人，從小在白人為主的社區長大，也就讀白人為主的學校。她以前的朋友很多、童年過得很開心，但為了融入環境，她

覺得自己需要變得更像白人，這意謂著衣著、梳頭、說話都要符合特定的方式。從小學、高中再到大學，她凸顯自己的白人特質以求歸屬感；但凡妮莎的黑人特質卻必須被壓抑，有時甚至不得不被抹去。沃克・卡洛斯・波斯頓（Walker S. Carlos Poston）提出了雙族裔認同發展理論（biracial identity development），描述雙族裔或多族裔個人被迫要選邊站。他認為，這個大幅取決於族群的相對地位、父母的影響、文化知識與外貌。凡妮莎的父親讓她認識黑人歷史，並且映照出她內在自己的一個面向，這個面向在其他家人身上找不到。在她父親去世後，她覺得自己與黑人血統更加疏遠了。直到後來，她才明白失去父親背後的重大意涵。

凡妮莎踏上了尋找歸屬感的旅程，卻不斷在新的類別中發現自己無法融入群體，從膚色、單身、母親，到外貌不像多數運動員的另一半。她提到自己的體格很健美，不像其他運動員的另一半都是曲線美，還說她們的服裝、髮型和妝容都「不像她」。她的自述老是在強化自己是外人。無論是身在白人組成的家庭、朋友或母親熟悉的白人社區等，她深刻感受到自己的「異化」。

凡妮莎搬到紐約市後，開始在別人身上看見自己。別人看起來像她，她看起來也像別人，就好像呼吸到清新的空氣。她重新恢復樂觀的態度，心想終於能找到自己的同伴了。但她朋友所說的話依然把她當成外人，像是說她不夠黑，甚至「白到不像混血兒」。

這樣的品頭論足帶給她巨大的傷痛、強化了她歸屬感的傷口。在凡妮莎從小生長的環境中，自己明明跟別人不一樣，卻鮮少被正視或尊重。一旦遭到忽視時，你自然會尋求其他的肯定。

對凡妮莎來說，她想要更像白人，而她終於開始展現真實的自己時，卻依然融入得很辛苦。

無庸置疑的是，你受到了社會制度的影響，這個影響像網子一樣籠罩了所有人，問題是：「以什麼方式呈現？」有些對你來說可能十分明顯，有些可能較為隱諱；有些可能一直存在，而有些可能在特定時刻浮現。我希望你思考一下：媒體和社會如何加深了你對於缺乏歸屬感的恐懼？你覺得自己是如何被異化的？是如何被遺忘的？或是你身上的差異太大，迫使你找到生存方式？參考以下的句子：

◆ 從小到大，我順從環境的方式是 ＿＿＿ 。
◆ 我以前感覺到的壓力是 ＿＿＿ ，因為 ＿＿＿ 。
◆ 我以前很需要融入環境，因為 ＿＿＿ 。
◆ 我延續至今的生存方式是 ＿＿＿ 。

探索歸屬感創傷的源頭並不是一件容易的事。你在辨認自己融入環境的方式時，可能會喚起一些情緒，看見自己犧牲真我來換取歸屬感，可能會誘發內在的感受。把這個感受當成前進的動力，不必一直保持不變。這正是療癒練習的美妙之處：你可以選擇一條全新的道路。

撫慰歸屬感創傷

所謂真正擁有歸屬感，意思是做真實的自己，而不是一味順從別人。正如非裔作家瑪雅・安傑洛（Maya Angelou）所說：

「只有當你發覺自己不歸屬任何地方，而是在每個地方都找到歸屬感，你才真正得到自由。」這是十分深刻的體悟。當你屬於自己，即你平靜地接納自己，就同時歸屬於任何地方、卻也不歸屬於任何地方。一切都在你的心裡。真正做自己的意思是別人無法剝奪你的一切，你對於批評、羞辱、拒絕或遺棄會有著不同的反應。

但鮮少有人能脫離歸屬感創傷後，直接欣然接受內在的真我，假如人生有這麼簡單就好了。我們反而容易走上另一條更有害的道路，即可能以適應或抗拒的方式，最後才學會擁抱真實的自己來找到歸屬感。

適應之道

大多數很清楚自己不一樣的人，通常一開始會先去適應環境：「照大家的方法做事，你就會有歸屬感。」設法適應就不會打亂現狀，而且還能滿足童年的渴望：來自環境體制的認可。既定的規則、結構和秩序具有很大的價值，像是家中的既定做事方式自然有其美好的部分。從正面的角度來看，這能讓歸屬感萌芽成長。但適應假如成了強加的要求時，就變成龐大的壓力。你獲得了虛假的歸屬感：「你是體制的一部分，但只是因為你改變了真正的自己。」這不是歸屬，這是融入。

你設法融入時，就得適應體制對你的要求，因為害怕承擔現實的後果，即如果你不融入，就無法找到歸屬感。你也許會害怕遭到另眼看待、無視、輕視、貶低、或以其他方式懲罰。個人、社群或體制可能會因為你不一樣而批評你。你明白，如果自己不

順從體制，就會被排除在外。

　　許多體制都會要求你適應以便融入。家人可能要求你符合他們心目中的完美，才算是家中的一分子，例如有特定的穿著打扮、保持特定的形象、或當個乖小孩。他們可能要求你事事聽話、不准發表異見，或不准聊到情緒或不開心。文化體制也許會要求你從眾，才能得到認可、肯定、尊重，甚至安全感。

　　適應如果指的是努力融入群體，就是一條生存之道，但這並不是目的地。最終，真正的歸屬感仍然需要靠療癒和改變。

　　你是怎麼學會透過適應來生存的呢？你也許能透過自家的視角思考這個問題，你也可以透過整體社會的視角來思考。你看得到過去的適應帶給你的幫助嗎？現在對你依然有幫助嗎？或是成為某種阻礙？答案沒有對錯，你只要敞開自己的心胸，好好反思和觀察即可。

抗拒之道

　　抗拒是指你有意無意地選擇對立的道路，通常發生在你曾適應環境之後。抗拒不是在擁抱真我，而是不想被控制、被支配或被選擇。抗拒可能感覺像是你在堅持立場，但往往更像是焦慮的反動或叛逆，而不是心懷篤定地做自己，到頭來只是讓你更加遭到邊緣化。

　　也許你選擇讓打扮或言行違反主流，也許你的舉止是故意讓家人丟臉，也許你駁斥某個宗教的價值觀，成為篤信宗教的家庭中唯一沒有信仰的人。無論如何，抗拒通常讓人覺得自己依舊是外人、害群之馬、缺乏歸屬。

還記得前面章節提到出身海軍家庭的卡爾嗎？

卡爾初次來找我諮商時，不是來聊他那個控制狂父親，而是因為他身體意象的困擾。

「我胖了一輩子欸。」他在一次晤談中說。「我從來都不覺得自己有魅力，也沒有人好好正眼看過我。我很想相信自己也可以約會、有人會選擇我當另一半，但我實在很難相信。」

我可以感受到卡爾的痛苦。卡爾說他全家人體格都很標準，訴說了自己偏偏是胖子的辛苦。我當然能理解他口中的辛苦，但總覺得哪裡不對勁。我想了解更多他早上體能訓練的細節。

「你在就讀高中期間，都會固定跟爸爸和弟妹早起訓練嗎？」我問。

「沒有，」他回答，「差不多十二歲的時候就停了。」

「怎麼會呢？」我問。

「那是我開始變胖的時候，」他說，「我太胖了，沒辦法再做體能訓練。」

「我記得你剛才說，你胖了一輩子。」我說。

「喔對啊，我的意思是指大半輩子都很胖。在我爸搬家以前，我還蠻瘦的。」

這個細節在我們的諮商中撬出一個開口。卡爾不久後告訴我，他會變胖是因為無法完成父親指定的大部分體能訓練，多次口頭抗議未果後只好增重，結果終於不必再按表操課。後來卡爾胖到他父親完全放棄，但也連帶不再關心他了。卡爾潛意識裡想終止軍事化訓練，雖然最後成功了，但代價卻是他在家中不再有歸屬感。他不再需要配合自己沒興趣的訓練，卻再也不是自己家

中的一分子。值得思考的是，無論你是努力適應或強烈抗拒，你仍然會覺得是外人，或至少無法真正地做自己。

卡爾找到的是抗拒這條道路，我們都肯定這個方式創意十足，但反而讓他覺得更被排擠。卡爾開始體悟到，歸屬感不是設法融入或抗拒控制狂父親，而是設法選擇自己。

正如已故婚姻暨性諮商師大衛．施納克（David Schnarch）所主張，目標是真正的差異化：既能保有自己，也能維持人際關係。你捍衛自己與自己的信仰，但能冷靜以對，而不是刻意反叛。一旦你具備這類的覺察力，就不再需要把叛逆和抗拒當作反彈的方法。

抗拒之道可能比適應之道更難看得出來，但我希望你不要忘記，這條道路依然可能導致自己脫離真我。你在反叛時，行為的動力依然是過去忍受的迴避、控制、羞辱和不寬容的傷痛。

你是怎麼學會以抗拒來生存呢？抗拒產生了哪些幫助？至今是否仍然奏效？你目前還有受抗拒的制約嗎？你會不會好奇這帶給你什麼保護或阻礙呢？

真我之道

活出真我的意思是，你的選擇和行動符合你的核心信仰、價值觀和真正的自我。這個意思是你選擇一條道路，無畏來自周遭環境的後果。

我們會在第 11 章中深入討論這點，但我想此處非常明確的是，當受到歸屬感創傷影響，其實很難把活出真我擺第一。大多數人會發現，自己會先卡在適應或抗拒的階段，後來才學會尊重

真正的自己。

　　如果你一直沒有活出真我，做自己就會讓你感到不舒服，可能會大幅動搖你的既有系統，因為這代表持異見人士或無法活出真我的人，再也無法控制你或說服你、無法羞辱你或批評你、無法左右你的選擇。哎呀，這真是自由。

　　我剛認識尼爾時，他並沒有真正地做自己，而是隨波逐流，不但吸毒也是情場玩咖，但身邊的人明明沒有逼他。為了得到歸屬感，他背叛了自己。一旦察覺到自身行為與歸屬感創傷有關，尼爾就產生了轉變。他原本覺得被家人遺棄，絕對不會用自暴自棄的決定來放棄自己。尼爾想要融入，但不想犧牲健康和價值觀。他想要得到歸屬感，但他發覺如果要違反本性，他永遠都得不到歸屬感。

療癒歸屬感創傷

　　在我們晤談的過程中，回歸真我成為尼爾的當務之急。尼爾明明在外頭狂歡，卻試圖找想要單一配偶制、平靜家庭生活的伴侶，他的內在系統絕對不會相信。他必須開始活出理想中的生活，真正地加以落實，才能讓價值觀、選擇和結果同步。如果你說自己想要某個東西，但你的選擇和行為卻十分矛盾，你的內在系統就很難信任你。

　　儘管尼爾鮮少回到西維吉尼亞，但他逢年過節回家鄉時，他會活出真實的自己，而不是躲起來，這源自於深層的本性。他的本意不是要讓家人難堪或讓他們不方便，只是單純的做自己、

讓別人正視自己需要接納的事實。他正學習在自己身上找到歸屬感，活出自己本來的樣子。

真正的歸屬感沒有一絲傲慢或防衛反應，正如布芮妮・布朗所說：「真正的歸屬感需要我們呈現脆弱面、感到不舒服、學會如何與人相處而不犧牲真我。」

凡妮莎也需要改變對於歸屬感的錯誤信念，踏上真正做自己的道路。

「沒有男人想跟帶著小孩的女人約會。」她堅稱，然後又說：「我請了好幾年的育嬰假，還有誰會雇用我？」這類信念讓她不敢約會、不敢應徵工作、不敢搬家，甚至不敢向人傾訴感受。她下意識地讓自己不要有歸屬感。我提出這樣的觀察時，她立即好奇起來。

「但是我何必要這樣呢？」她問。

「這一定有某種用途吧？」我答。

她看著我，有點困惑。我彷彿看到她的腦袋高速轉動，「如果這對我沒有好處，為什麼又會有用途呢？」，然後一切忽然接通了。「這對我的創傷有用，對吧？像是一次又一次地證明我有原生創傷？我只要這樣做，就可以保持不變，也就永遠不必改變。」

凡妮莎逐漸懂了。為了要真正得到歸屬感，她必須改變「一切」，要真正地做自己。這需要她主動付出辛勞，但也相當直截明瞭。她必須開始釐清自己想要成為什麼人、什麼對她來說很重要、什麼能激勵她和點燃她的熱情。她也得停止讓恐懼和歸屬感匱乏主導人生。這代表平靜不必外求，而是存乎一心。這也代表

要做真實的自己、接納自己、因應那些阻礙她滿足內心渴望的恐懼。

人生並不完全符合凡妮莎心目中的樣子。但如果她想繼續一次又一次地證明錯誤信念是對的，人生就絕對不會有機會成為她心目中的樣子。她在內心打造了空間，容納真實的自己、勇氣和自我信任，進而踏上了尋找明燈的道路。只要她傾聽內心真我的聲音，那任何時刻都能獲得真正的歸屬感。

如果你現在盤點一下自己的生活，是否能看到你有哪些選擇和行動，符合你的核心信仰、價值觀和真實的自己呢？抱持溫柔與誠實的態度面對自己。如果你真實地做自己，會出現什麼改變？

◆ 在成長的過程中，我在什麼情況下會背叛自己、討好別人？

◆ 時至今日，我仍然會在什麼情況下背叛自己？

辛苦追求歸屬感絕對不簡單、也不輕鬆。但凡妮莎、卡爾、尼爾、崔西和布莉愈加深入挖掘他們的原生故事、留意自己的歸屬感創傷、看見這個創傷、面對伴隨的悲傷、再從中轉向，他們被慣性宰制的狀況就愈少。然而，這不代表從此就一帆風順。凡妮莎之後發現，自己三不五時又陷入以往的迴圈；卡爾仍然難以相信有人會覺得他有魅力；尼爾尋尋覓覓好多年，才找到與他渴望相同生活方式的伴侶；布莉發現自己仍會羞辱自己；崔西仍然難以信任自己，當有人否認她有腦性麻痺或質疑她時更是嚴重。但發生的轉變是，尼爾不再假裝了，更懂得拒絕不想做的

事；卡爾改變了自己與身體意象的關係，看見一條不必被控制也能有歸屬感的道路；凡妮莎開始在生活中產出改變，讓自己投入更重要的事物；布莉愈來愈留意到自己的內在毒舌，也能慈悲和寬容地看待自己；崔西強化自我信任。這個過程需要一輩子的投入，創傷必定會一而再、再而三地回來，而在不斷努力之下，療癒才得以開始。

原生療癒練習

我們繼續往下練習。如果歸屬感創傷讓你有所共鳴，我們就一起進行原生療癒練習。

找到一個舒服的地方，你可以躺下或坐在椅子上，眼睛可以睜開或閉上，確保你的環境既安全又保有隱私。提醒一下，如果你正在經歷創傷，務必要好好照顧自己。在這項練習中，最重要的是有人可以引導你、支持你，並且在練習過程打造安全的空間。

命名：你可不可以回想第一次質疑自己歸屬感的時刻？單純留意一下，你第一次當外人，或感覺像外人的時刻。還記得那一天嗎？記得你在哪裡嗎？記得是誰讓你質疑歸屬感嗎？看看你能說出多少細節。

看見：現在更加專注在自己身上。試試更靠近看著年輕的自己，第一次經歷歸屬感創傷的時刻。就當成你在看一段影片，我希望你留意那一刻你的感受，留意你臉上的表情，留意肢體語言的任何變化。開始讓自己感受那個小時候的你。

　　悲傷：你可能開始覺得情緒開始湧現。你可以允許情緒出現嗎？你可能會同理起多年前自己的感受。看到小時候的自己不得不忍受歸屬感創傷，你可能會感到傷心。好好去感受那個小孩。也許，你會留意到自己為了融入而不得不適應環境的情緒，或當時採取的叛逆態度與當時的感受。單純留意一下，你想在此刻帶給小時候的自己什麼。你想要抱抱他嗎？想不想告訴他，你很心疼他必須承受這一切？想不想把他抱起來，告訴他一切都會變好？你覺得自己很想做什麼嗎？單純留意一下就好。

　　想要在小時候停留多久都可以，只要感覺舒服就好。如果你眼睛閉著，就慢慢地把注意力拉回房間。眼睛維持閉著，稍微動一動手指和腳趾，也可以伸展一下脖子，或把手放在胸口或肚子。你也可以覺察自己的呼吸，想想看張開眼睛後會看到什麼。你記得自己在哪裡嗎？然後，非常緩慢地睜開眼睛，慢慢來就好。

　　記得，你可以按照自己需要的次數進行這個練習，可能每天都練習，持續一星期，或練習一次後隔年再做、五年後再做。我非常以你為榮。

　　轉向：在本章進入尾聲前，我希望你花點時間正視自己的歸屬感創傷在今天的影響。創傷以什麼方式出現？在什麼關係中出現？你可以完成這個句子嗎？

　　「如果我允許自己活出真我、不害怕單純做自己，那會出現的改變是 ＿＿＿＿。」在未來的一星期內，我希望你留意可以把行為模式汰舊換新的機會。單純留意就好，目前不必多做其他事。

　　跟之前一樣，把手放在胸口上，你做得很好。花點時間來正視自己的狀態，允許自己看見和感受一切。

5

我想要獲得重視

　　小孩不會直接要求父母重視他們。他們不會使用「重視」這類精確的詞語，而是會要求父母陪他們玩、一起出門或讀書給他們聽，這些是他們取得連結和重視的方式。如果他們運用詞語表達，可能會說出像是「媽媽不要工作」、「電視壞壞」或「不要打電話」之類的話。對小孩來說，讓父母分心的東西在最佳情況下只是壓力因子，在最壞情況下卻恐會危害小孩對自己和價值觀的信念。日後，長期分心的父母所養出的子女，可能會主觀認為他們在尋找自己受重視的關係。然而，這些創傷未癒合的成年人下意識所尋找的關係動力，往往會複製並證實自己數十年前在家中的認知：我不重要。

　　如果你在家中沒有覺得受重視，就可能有不受重視的創傷。凡是受重視的小孩，需求都有人看到、理解和尊重。這意思不是你得到想要的一切，或時時刻刻都是焦點，因為父母有權立下界線、開口拒絕，也有權把自己想要的生活擺在第一；這意思是你的父母關注你的需求。他們傾聽、關心、好奇、留意，而且重視你內外發生的一切。你有時不見得喜歡他們替你做決定，但不會

懷疑自己對他們的重要性。

　　一旦「重視」成為問題時，是因為你接收到特定訊息，然後開始自行解讀、納入你的信念體系。有時這些訊息十分明確，譬如父母一再叫你別吵他們或說：「今天是禮拜天！不要吵你爸看足球比賽。」有時這些訊息很隱諱，譬如父親沒認真聽你說話，或父母經常發生衝突、鮮少有時間幫你解決功課的問題或一起看電影。不受重視的創傷讓你質疑起自己在這些家人心目中的地位與價值。

不受重視的創傷源頭

　　每次有夫妻或情侶一起來找我時，我通常扮演偵探的角色。在初次晤談中，他們會描述彼此發生的衝突，通常也想分享所有的細節。他們也會聊到彼此的爭吵，努力要向我證明自己的觀點沒錯。他們在測試我可能偏袒哪一方，或推估我認為情況有多糟。他們可能會問：「我們的關係還有救嗎？其他人也遇過這種問題嗎？」

　　當然，聽到部分細節固然有價值，但一開始經驗的重述通常不太完整。他們當初自己來諮商的問題，實際上只是冰山一角。想要確認在一段關係中有什麼根本的問題，通常需要更深入的挖掘，以及通盤認識他們的家庭，以揭露他們的原生傷口。

　　伊莎貝爾（Isabel）和約瑟菲娜（Josefina）第一次來找我時，她們像大多數剛開始接受諮商的伴侶一樣，一心想證明自己的觀點、設法找到快速的解決方案。她們從西班牙搬到紐約市兩年後，

我才認識她們。他們剛錄取同一間研究所，非常期待上課。當朋友變成情人，往往會造就美好的關係。但伊莎貝爾和約瑟菲娜的關係卻很辛苦，同樣的衝突不斷上演，卻似乎看不到解決之道。

他們一起參加初次晤談，我當場就感受到他們有多緊張。

「我們坐哪裡都可以嗎？」伊莎貝爾問。

我指了指沙發，讓他們自己選位子。伊莎貝爾坐得離我最近，雖然約瑟菲娜沒坐得太遠，但直接坐在前面的是伊莎貝爾。我記錄了他們的相對位子。

「謝謝你們今天過來，我想聽聽你們兩個人說一下今天來諮商的期待。」

一如所料，伊莎貝爾先開口：「我們最近太常吵架了，應該說過去一整年都這樣，什麼都解決不了，感覺好像離彼此愈來愈遠，想到這裡我就很害怕。小約一直說要分手，但是我不想啊，可是我也不知道該怎麼辦。」

「說說看，你們都因為什麼事情吵架？」

「嗯，大部分都是我在抱怨小約。我們剛從西班牙搬到這裡的時候，感覺什麼都好新鮮，可以一起冒險。我們以前都沒住過其他地方，所以感覺好像共同展開一段旅程。頭一年的經驗很棒，我們同居後開始跟研究所同學熟起來，可說是形影不離，但是現在她常常忙自己的事情，這本來也沒什麼，只不過她好像不希望我陪，都很晚才回家，我們幾乎沒時間相處了。她也漸漸不太回我的簡訊。」

伊莎貝爾停頓了一下。雖然她說話時我是看著她，但必定同時留意另一個人在聽伴侶分享自己的觀點時，有沒有任何臉部表

情或肢體動作。小約似乎心不在焉,也無意交流,好像光是出現就覺得煩。她聽伊莎貝爾說話時,時不時會翻起白眼,或不耐地輕微搖頭。我知道,她早晚會激動地插話,讓我們更了解其中的情況。

「約瑟菲娜,你希望我叫你小約嗎?」我問。

「你愛怎麼叫就怎麼叫,熟人會叫我小約,但是我猜你很快就會把我摸透了,那乾脆就直接叫我小約吧。」

她確實很有個性,但是這也算是個邀請,讓我曉得她不介意我更了解她。

我問小約她覺得有什麼改變時,她可以清楚地表達出來。她也認為伊莎貝爾一直是自己最好的朋友,剛搬來紐約市的頭一年都很順利。但小約不久後發覺,伊莎貝爾讓她有點喘不過氣。小約便開始結交自己的朋友,出門也不一定會要伊莎貝爾陪同。伊莎貝爾依然想什麼事都一起,小約覺得伊莎貝爾一心想限縮她的生活圈,到後來覺得被伊莎貝爾控制時,兩人便吵得不可開交。他們動不動就起爭執,卻老是找不到解決方案。小約非常明確地表示,自己也想經營兩人關係之外的生活,這是不可以讓步的底線,她需要個人空間來維持身心健康。過去,她曾談過黏著彼此的戀愛,但絕對不想要再有類似的關係。小約愛伊莎貝爾,但她覺得自己愈來愈抽離、情感封閉。

這並不是伊莎貝爾第一次聽到小約談起這件事。儘管她聽了很難過,但內心似乎有一部分能理解。

我看到的是,面前這兩名女生一起踏上了冒險之旅,勇敢地決定共同飛往兩人都未去過的國家,追求類似的夢想。你積極推

動人生的重大轉變時，難免會對整個經驗暗自期待、抱持幻想。《毒性羞恥》（*No More Mr. Nice Guy!*）一書作者羅伯特・格洛弗博士（Dr. Robert Glover）把這些內心的預設稱作「潛藏期待」，即我們「主觀認為」與伴侶在關係中未說出口的默契。在我看來，小約和伊莎貝爾對於未來的想像和期待有所衝突。

伊莎貝爾感受不到小約把她擺在重要的地位，甚至懷疑自己在小約心目中並不重要。一想到這裡，伊莎貝爾感到心碎，因為她們倆多年來都是彼此的知己。你愛的人不願意陪伴你，這真的很令人傷心。伊莎貝爾用盡方法地逼小約把她擺在第一，像是拜託懇求、假裝不在乎、最後通牒、大發脾氣都有可能。在諮商晤談的過程中，每次小約表達想要獨立自主的渴望時，伊莎貝爾都會對她發飆。

伊莎貝爾在晤談中的情緒反彈是很好的指標，顯示還有更多事有待揭露。如果你還記得第 2 章的內容，情緒反彈就像是霓虹燈箭頭，指向你的恐懼、不安全感和懷疑，讓我們知道過去某個重要東西的存在，值得我們去好好了解。我們開始找出被掀起的傷口。

在我們第二次晤談時，我問伊莎貝爾，她是否覺得自己在家中受到重視。

「對啊，當然，我家人非常愛我。」

可是我不太相信。當然，她有可能日後在生活中有了這個創傷，但我總覺得她在成長過程中，有人曾無視她的存在，帶出了蛛絲馬跡。伊莎貝爾覺得不受小約的重視，但她以前一定也有過類似的情緒。

「你可以跟我聊聊你媽媽的事嗎？我想知道從你的角度來看，她是怎麼樣的一個人，還有她是怎麼樣的母親。」

「她是很盡責的母親，以前都會在家陪我和哥哥姊姊。我都跟她相處得很愉快，她很有趣又好笑，也非常會照顧我們。大家都很喜歡我媽，她是聚會上的開心果。但是後來，她整個人變得非常悲傷。」

「怎麼了？」我問。

「我七歲的時候，我媽的姊姊自殺了。我當時不知道確切發生什麼事情，只知道她過世了，但是從那時候開始，一切都改變了。我媽媽陷入重度憂鬱，到現在都沒走出來。看到她那樣，我真的很難過，就好像她失去了生命力。她以前明明很有活力，但是後來變得什麼都不想做。她幾乎整天都待在床上和自己房間，我爸不得不扛起一大堆家務，也非常關心她，我們會一起照顧她。」

小約看著伊莎貝爾，她以前就聽過這段往事了，但這次她才認真地聽進去。

伊莎貝爾母親的憂鬱症成為家裡的重中之重，吞噬了一切。當然，她母親也不希望這樣，但這件事就是發生了。他們知道她很難過，但沒有對此採取行動。她父親的個性老實善良，盡力做了自己能做的事。他接下兩分工作，每天煮飯、打掃、努力照顧妻子。但說得保守點，他其實缺乏可以妥善處理這一切的能力。

我頓時明白這個經驗具有深刻的意義，有助於理解伊莎貝爾這位身處紐約市的二十九歲女性正重新經歷的傷痛。在伊莎貝爾七歲前，她體驗過喜悅、交流、親情和身為家中老么所得到的

大量關注。她被全家人捧在手心上，有幫忙照顧她的兄姐和真心愛她的父母。針對我先前的問題，她當然會說自己在家中很受重視，但她說的只是人生前幾年。

在她的阿姨過世後，一切都改變了。她不再是全家關注的焦點，家人也不得不把重心轉移。伊莎貝爾跟我說：「我爸不知道如何跟人求助，只能找我幫忙。我想他大概覺得很丟臉，又想要保護我媽，所以不希望別人看到她變成那個樣子。」

我和小約懂了，這件事不是誰意圖要傷害誰，而是發生了痛徹心扉的不幸，衝擊到全家人，讓七歲的伊莎貝爾不再是父母生活中的重心，因為他們心有餘而力不足。

這件事奠定了伊莎貝爾不受重視的內在創傷。她母親的心理健康，成為她與父親生活中的首要之務。她幫忙父親煮飯、打掃、照顧母親，常常聽父親說：「你可以去逗媽媽開心嗎？我覺得她很希望你能陪陪她。」這當然是事實，的確對母親有助益，但另一個事實的是，伊莎貝爾承擔起煮飯、打掃和取悅母親的任務時，就沒有時間當個小女孩，忽略了原本成長、生理、情感和經驗都會有的真實需求。

伊莎貝爾從沒這樣思考過自己的人生和家庭。讓她更加震驚的是，她發覺自己感受到與小約關係的巨變，極為類似她小時候的家中經驗：她原本是家中的重心，後來發生了翻天覆地的變化，自己的需求再也沒有被納入考慮。

我可以看到小約的態度有點軟化。她打開交疊的手臂、肩膀也隨之放鬆，剛接收到的資訊固然無法改變自己不想被控制的事實，但她正以全新的角度看伊莎貝爾，多了層層的脈絡與清晰。

伊莎貝爾以前從未發現，過去的自己覺得在家中不受重視。這個版本的故事似乎對她很不公平，畢竟她曾擁有美好的家庭生活。她也理解父母當時的資源有限，也真的盡力了。她寧願去回想巨變發生之前的生活，於是常向小約說的童年往事，都是她想要記住與人分享的版本，要提到她母親憂鬱症後的人生較為痛苦，因此她避而不談、不去回想、不去探討這件事的長期影響，直到共同諮商才終於揭露。

伊莎貝爾並不特別期待挖掘自己不受重視的創傷，畢竟這代表要把她自己的故事重塑成不太幸福的版本。但為了釐清這個未癒合的原生創傷如何促使她和小約漸行漸遠，這個步驟實屬必要。

我遇過無數個案都背負著不受重視的創傷。他們故事中呈現的父母，往往只顧自己又心不在焉，優先考量自己的利益而非小孩；有些則是照顧者自身原生創傷未能癒合，導致無法好好陪伴和重視小孩。

以下小節的重點是家庭原生故事，但我想提醒你的是，不受重視的創傷也可能在日後的人生中出現，也可能並非從原生家庭裡開始。你也許會發現，自己第一次覺得不受重視而感到受傷，是因為某任伴侶或重要的朋友，而不是家人。在我們共同探索的過程中，保持開放的態度即可。

原生家庭疏於關心

只顧自己與心不在焉常常來自同一個源頭。父母或其他家人的心思在其他事物上（可能是只顧自己或容易分心），就鮮少可

以好好關心小孩。心不在焉可能源自長期存在的問題，例如父母與工作的關係，或引發極大困擾的難關，例如酗酒、濫用藥物、賭博、身心健康問題等；也可能是在特定時期內造成困擾的事物，像是在兩三年內婚姻接連出現問題，或很容易就被情緒牽著走。

安德烈（Andrei）不受重視的創傷之所以產生，是因為他來自單親家庭。母親為了維持生計而兼了兩分工作。安德烈在形容母親時，都是抱持善良和愛護的態度。我能感受到他有多愛戴又尊敬母親；但在他小時候，他最想要的就是母親花時間陪伴，卻又無法得到。他母親每週得工作六天，每天都得扛兩個班才能糊口，他只有週日才能見到她。母子倆會一起去教堂禮拜、吃午餐，她再去值晚班。

安德烈對於母親的犧牲心存感激，有時甚至會很理性地認為，扛下兩分工作就是母親重視他的方式。但這也無法改變他渴望母親陪伴的事實，即使母親用盡心力想為安德烈打造更好的未來，他心中的創傷仍然存在。

當然，即使自己或家人抱持著善意的初衷，原生創傷依然可能出現。我們常常以為創傷是源自於壞心或疏忽，但其實創傷可能以各式各樣的方式出現，其中不見得就存在惡意。

凱特（Khaite）的母親也為自己人生中的難關而心煩。凱特的父母沒有結婚，父親在凱特四歲時，說他找到了更適合的伴侶。她母親大受打擊，覺得自己被遺棄了，後來沉溺於約會之中、不斷在新對象身上尋愛。有時，她每隔兩天就會出去約會。

「她每次約會回家後，都會把各種細節全部告訴我。我覺

得，她應該沒有發現自己從來不過問我的事情，只顧著自己的約會，也在過程中迷失了自己。」凱特回憶。

　　她非常愛自己的母親，但這仍然造成了痛苦。她不希望讓母親傷心，但她也沒興趣跟母親像「姊妹淘」一般聊天，而是希望母親關心她的生活、希望覺得自己對母親來說很重要，而不是看著男人來來去去，自己的需求卻被排在最後。凱特非常渴望自己被擺在第一，但母親只顧著談戀愛卻成為阻礙。

　　家人長期心不在焉、只顧自己，就會產生長遠的影響。在成長的過程中，不斷質疑自己是否受到重視、是否比讓成年人分神的事物更重要，實在是十分痛苦。這個經驗可能會在成年後的關係中顯現，有時明顯、有時幽微。

父母未癒合的創傷

　　從小到大，你生命中的成年人很可能有自己的創傷。實際上，他們可能至今仍然有創傷未去正視和癒合。這些創傷很容易就傳遞給你，也許他們之所以把自己擺第一，是因為他們在童年時並未受到重視；也許他們之所以優先滿足自己的需求、想法和渴望，是因為他們在成長的過程中被忽視。父母未癒合的創傷可能以無數方式傳遞給下一代。這項觀點提供了重要的脈絡，但這無法改變你覺得不受重視的事實。父母未癒合的創傷絕對不應該由小孩去處理和適應，但遺憾的是，這個情況實在太普遍了。

　　莎拉（Sarah）告訴我，她小時候對攝影情有獨鍾，想學會攝影所有相關知識。她拜託父母送她一台相機當作十一歲的生日禮物，結果拿到了超棒的相機。但在她獲得這項大禮的兩年後，她

父母語重心長地告訴她，她不能繼續玩攝影了。

　　「他們說攝影對我來說『太低俗』，我需要專注於讓我考上『好』大學的能力。」她說。

　　莎拉的父母很富有。她在曼哈頓上東區長大，父母為她的教育和職涯發展擬定了具體的計畫。他們告訴她，攝影無錢可賺，頂多只能算是嗜好而已，她需要開始認真地思考自己的未來。這對她來說毋寧是巨大的打擊。即使在數十年後聊到這件事，她還是搖搖頭，心痛溢於言表。

　　莎拉的父母有足夠資源協助她實現夢想。但他們斷然拒絕讓她追夢，因為他們認為假如女兒不選擇較為規矩的職涯，他們在自己的社交圈裡會沒面子。

　　「他們希望我當醫生，」她說，「我清楚記得有次要參加一場假日聚會，他們所有朋友都有出席，他們事前叮嚀我不准跟任何人提到我的攝影夢。我媽『拜託今天晚上不要丟我們的臉』，一字不差，他們更在意自己在別人眼中的評價，而不是關心真正讓自己女兒開心的事情。」這反映了她父母的焦慮和恐懼，即他們的歸屬感創傷，雖然他們沒有自覺，但這樣的行為正是把自己的需求凌駕於莎拉之上。

　　這個故事實在讓人難過。莎拉後來成為非常優秀的醫生，她討厭自己的工作，但她更討厭自己痛苦的生活。她之所來找我諮商，是因為男友剛剛第四度跟她分手。他們一直分分合合，因為兩人的愛依然存在，卻難以解決她口中無法妥協的問題：男方想要有小孩，女方卻猶豫不決。

　　我們進一步探討時，我得知莎拉其實也想要生小孩，但她

下意識地在測試前男友，看他是否願意把她的願望擺在前面，畢竟這是她父母沒有做過的事。整件事還需要更多細部的拆解，但光是這個發現就替莎拉打開了一扇大門。她不受重視的創傷，即在所愛之人眼中不是第一順位，仍然對她當前生活有著深刻的影響。

　　在你的家庭系統中，可能存在著未癒合的創傷，造就了你不受重視的創傷。這絕對不是要替他們找藉口，但你能不能試著對家人未癒合的傷痛感到好奇，看看是否因此阻礙了他們對你的重視？

　　找出原生創傷並不是要找藉口，也不代表情緒反彈就沒關係，而是單純讓這件事有個理由。找出原生創傷也不是終點，而是出發點，也是推動你走向療癒的催化劑。

因應不受重視的創傷

　　許多小孩努力要成為家中的第一順位，想方設法思考如何改變自己、闖出名堂，進而得到照顧者的重視、一旦努力付諸流水，他們最後只能放棄，接受自己不受重視的地位。一想到小孩只能認命，我就覺得相當心疼。只要童年發生了類似的事，相同的因應方式就會延續到長大成人。

複製迴圈

　　正如前文所提，我們因應創傷的方式，往往是在成年關係中無意間重複創傷。安德烈和凱特都是如此。

在心理學界，我們有個理論是「心理病理的世代傳遞」（the intergenerational transmission of psychopathology，我知道這有點拗口，但我保證會盡量減少專業用語）。這是指一代傳一代的行為、特色和性格，可能是遺傳或非遺傳。白話版本就是：我們從長輩那裡繼承了很多東西。不意外的是，我們經常在重複成長過程中觀察到或經歷過的事。

你是否聽人說過「你跟你媽／你爸很像」之類的話（不論是聊到你或聊到別人）？其實，你自己可能就說過這些話。重複的迴圈是一條直截了當的道路，你重複了過去世代的行為、特徵和性格。發生的當下你可能毫無覺察，好比從小看著父母易怒和反應過度，數十年後你發覺自己也變得易怒和反應過度。有時，即使你再怎麼努力，像是明明在家暴的環境中長大、發誓自己絕對不家暴自己的小孩，最後卻發現自己卻陷入了相同的迴圈。安德烈和凱特在成年關係中，都發現自己不受重視的創傷重複上演，一個是渾然不覺，一個則是覺察了此事、卻仍然落入迴圈。

安德烈的母親為他犧牲了一切，然而連值兩個班帶給他不受重視的創傷。他在晤談過程中說，他的妻子逼他來諮商，因為受夠了他下班後只會打電動。安德烈主張，這是他宣洩壓力的方式。在我們共同探討後，安德烈發覺電動就是他第二個班，他坦承自己每天晚上會打六小時以上的電動。他並沒有選擇照顧自己的伴侶，而是變成了那個沉溺於自己世界的人，最後導致妻子經歷了他童年的創傷。他想打電動分心，卻重現了不受重視的創傷。這樣他不僅讓創傷持續下去，還讓妻子感到不受重視。有時，我們一旦相信自己不是第一順位，就會打造一個環境讓自己

在原地打轉。

　　相較於安德烈起初渾然不知自己重現了不受重視的創傷，凱特則是一下子就認出她的慣性，承認在感情中自己心不在焉，坦言每天晚上都會滑 IG 好幾個小時。這限縮了她與伴侶相處的時間，影響彼此的親密關係。

　　「我知道、我知道。我做的事情跟我媽一樣。」凱特面不改色地說。她看見自己的行為，但也繼續這個行為。她的覺察不足以讓自己改變已知，卻足以讓我們展開對話，討論當下發生的事。

　　凱特從來沒跟母親說，自己小時候覺得被忽視。因此，凱特也沒聽過母親承認過去的疏忽並對此負責，但這正是凱特需要聽到的。凱特反而在無意間重複了相同的模式，讓前任伴侶落入童年的自己與母親的處境。如果伴侶能有與凱特多年前相同的經驗，凱特相信她就會覺得真正有人看見、有人理解和有人肯定。我們確認了這點後，她才明白這對於兩人互動的傷害。她其實並不想讓伴侶覺得被忽視，她只是希望有人聽見自己、理解自己。她發覺，其實自己可以有更好的方法。

　　幸好，凱特的母親願意傾聽。在我們合作的期間，凱特鼓起勇氣向母親提起這件事。而她母親也能肯定她的經驗、承認自己有責任，也誠心誠意地為過去的疏忽道歉。那個小女生被看見了，而對凱特來說，這帶來的療癒效果讓她不敢相信。但凱特想進一步療癒，自己也得承擔責任，為自己造成的傷痛向伴侶道歉，還要在生活中進行重大調整，更加專注於當下、重視她的伴侶和這段關係。

　　重複的迴圈也許看起來很明顯，但其實很容易就會被忽視。你可能在很多年前大聲嚷嚷，說自己絕對不會這樣或那樣，但我認識太多人，都沒發現自己的行為違背當初信誓旦旦的保證。這個迴圈很容易認得出來，但有時就藏在毫不起眼的地方。如果你認真地尋找，可能會看見什麼呢？

刻意對抗

　　世代之間的行為也可能以更不易察覺的方式傳遞，乍看之下與複製行為正好相反，就是做出的事截然不同於我們的觀察和經歷。從小到大，假如你真的討厭或不喜歡某件事，那你就可能會想走出不同的道路。你目睹了傷痛、打擊或種種你厭惡的行為時，理智上可能會想活出完全相反的人生，藉此保護自己或追求心目中的成功。也許你看到母親酗酒把人生搞砸了，因此發誓絕對滴酒不沾；也許你在充滿大小衝突的家庭中長大，所以你不惜一切代價避免衝突；也許你的父母鋪張浪費、負債累累，所以你用錢非常節省。我們會運用許許多多的方式，踏上與前人相反的道路。由外往內看，這條道路似乎更加健康。畢竟，誰會反對選擇不喝酒的人、或努力避免衝突的人、或量入為出的人呢？這些感覺都是明智的決定。但如果這是基於未癒合的創傷而唱反調，那恐懼就在支配你、促使你做出決定。與創傷誓不兩立會引起許多問題，這點在伊莎貝爾和小約的故事中可以看到。

　　伊莎貝爾對於小約的無數要求，就很多方面來看都是在跟「不受重視的創傷」誓不兩立。她不想跟小時候一樣，被當作成年人般對待。她設法要求別人重視她，特別是小約一定要把她擺

在第一順位，心想：「受到重視的方法就是逼別人重視我。」伊莎貝爾催促小約選擇她，放下其他人事物，但這只會適得其反。伊莎貝爾愈是逼小約，小約就愈是疏離。一旦伊莎貝爾正視自己不受重視的創傷，以及刻意唱反調的慣性，就能以不同視角看待自己的行為。

伊莎貝爾不受重視的創傷也被她眼中小約的「自私面」所喚起。在此要說明的是，想要獨立自主並不等於自私的行為，想要在兩人世界之外擁有獨立的生活並不是問題。實際上，我們知道如果一對夫妻能維持良好的關係，往往都能支持彼此的夢想、同時一起打造共識，在獨立自主與共同生活之間找到平衡。小約想要花時間與自己的朋友相處本身不是壞事，希望參加活動不要伊莎貝爾陪同，並不代表她不重視伊莎貝爾。

真正的難處在於，許多問題堆積太久未能處理，造成小約真的自私了起來。伊莎貝爾則會發飆、辱罵小約、狂傳訊息要她在時限內回家，否則就休想再回家了。小約受夠了伊莎貝爾對於關注和重視的要求愈來愈無理，因而確實失去了對伊莎貝爾的關心。小約開始把自己的玩樂擺第一，甚至無視伊莎貝爾在家中哭到睡著。這聽起來可能相當殘忍，但這不是因為小約是惡劣的人，而是因為小約和伊莎貝爾任由關係中不斷積怨，卻沒有展開適當的溝通。時間一久，他們逐漸對彼此產生怨恨，陷入一種互動模式，反覆揭開伊莎貝爾不受重視的創傷，即使伊莎貝爾努力想翻轉童年慣性、重拾人生掌控權也徒勞無功。

我們感到威脅時，通常會盡力避免再經歷引發痛苦的事物。「如果我們的關係發生變化，那我就無法當第一順位了。」這個

念頭在與小約的感情中已醞釀許久。伊莎貝爾並不想要當控制狂，但她的行為就是在控制對方。無論是阻止小約跟朋友出去或不讓她離開身邊，都是伊莎貝爾設法為自己打造安全感，卻產生了嚴重的反效果。

伊莎貝爾沒有發覺的是，她需要進行自己的原生創傷療癒，否則創傷永遠無法癒合。她無法依靠小約來替她療傷，而如果小約只是聽從伊莎貝爾的要求，也許能暫時緩解她不受重視的創傷，但同樣的創傷未來只會一再被揭開，小約可能會更加懷恨在心，因為每天都要取悅、安撫伴侶，犧牲自己對於獨立自主、相互扶持的需求。這絕對不是辦法，也有研究可以佐證這點。在現今社會，婚姻和感情最基本的目的，就是協助伴侶滿足對於自主和個人成長的需求。

你可能過去百般辛苦地想讓自己受到家人重視。也許你犧牲真實的自己時，偶爾會成功獲得重視，也許是白忙一場，你也只好放棄。也許你現在的因應方式可能還是過去學會的方式，也許你決心要對抗過去，盡一切努力只為了不要重複相同的經驗。但到頭來你可能會發現，這些方式都無法讓你真正獲得重視，不僅無法治癒傷口，更是在上頭灑鹽。

療癒不受重視的創傷

在前面的章節中，你也許自己做過了原生療癒練習，但我想要你體驗一下閱讀別人（此處以伊莎貝爾為例）在與我晤談過程中，如何一步步展開療癒練習。請記得，見證別人的療癒過程是

很榮幸的事。在閱讀的過程中，留意內在升起的感受。在伊沙貝爾練習過程中，你的感受如何？是否有得到什麼收穫呢？是否有留意到內在任何批評的小聲音？這麼貼近別人的療癒過程，你又有什麼心得呢？

伊莎貝爾了解自己療癒創傷的需求後，從此以後的晤談過程都非常深刻。她可以閉上眼睛，在腦海中想像著七歲的自己，好好看見自己的生命經驗。在放下所有讓她分神的事物後，伊莎貝爾能完全肯定小時候的自己，在她多年來不斷壓抑、合理化或否定自己的童年經驗後終於重拾自我，簡直不可思議。一旦真正看見了經驗，人生就會有所改變。

這天，我和小約見證了伊莎貝爾大聲說出對二十年前自己的所有觀察。我在跟個案形容這個練習時，通常會說這就像拉一張椅子、靠近小時候的自己坐著，當時幾歲都沒關係，近到足以看見細節，卻又不致於跨越身體的界線。你可以想像一下嗎？老家的樣子？以前常常待的樓梯上方？你房間的樣子？當然，你的陰影不見得像伊莎貝爾一樣源自單一事件。假如你是長期都被照顧者忽視，也許父母老是忙著工作或每天晚上都喝得爛醉，那你可以在回想多個畫面，讓自己好好看見、觀察、感受一下。

「伊莎貝爾，我可以稍微引導你想像一下嗎？」我問。

「可以。」她略帶猶豫地回答。

我們三個人閉上眼睛，一起做了幾次深呼吸，把自己帶回當下的空間。

「請你先專注地看著小時候的自己，說說看，她穿什麼衣服？看起來是什麼模樣？」

「她留著咖啡色的長髮，綁了兩個辮子。我以前真的超愛辮子耶！她上半身穿著一件 T 恤，下半身是紫色短褲和步鞋。」

「你看得到她的臉嗎？有沒有注意到什麼？」

「她在微笑，但是我看得出來她心裡其實很難過。」

「她有沒有看到你坐在旁邊呢？可以讓她知道你陪著她嗎？」

「好啃。」伊莎貝爾停頓了一下，才對小時候的自己說：「嗨。」

伊莎貝爾開始哭了，她不再需要我出聲引導，自己就繼續說下去：「嗨，可愛的小女孩。我好心疼你喔，好像不過才一眨眼，你的生活就天翻地覆了。你是很特別的人喔，我心疼你身邊一下子就少了好多你愛的人。我知道他們還好好的，可是沒有辦法陪著你。我也心疼你覺得被忽視喔，還有家裡氣氛被憂鬱症籠罩，你和爸爸開始要扛起好多責任，這些本來都不是你的責任。我真的很抱歉。你一直都好努力，想讓身邊的人把你的需求擺第一，但是你的方法沒辦法滿足你的需要。對不起，我沒有早點看清楚這一點。對不對，我之前沒有能力來給你、給我們更好的方向。我以後會好好陪伴你。」

伊莎貝爾深吸一口氣。我的眼睛仍然閉著，但此刻微微睜開，偷瞄一下小約和伊莎貝爾的互動。

小約握著伊莎貝爾的手，臉上淚痕清晰可見。她已移動到伊莎貝爾旁邊，伊莎貝爾正把頭靠在她肩膀上。此時，我眼前的伊莎貝爾已穿越到過去，完全陪伴著七歲的自己。就在這個時刻，伊莎貝爾自己就是自己的第一順位。她安心地說出創傷、看見創傷，以及自己如何去適應創傷後，就跟創傷斷開連結，開始優先

考量自己的需求。因為我和小約也在現場，所以同時也有別人見證了她成年與童年的生命經驗。伊莎貝爾不僅在晤談時練習了許多次，自己也時常在家刻意練習。

　　伊莎貝爾正在學著感受自己的悲傷，這也代表她在學著感受愛。正如作家珍狄・妮爾遜（Jandy Nelson）所說，愛與悲傷是一體兩面的存在，我們無法把兩者切割開來體驗。不斷去拒絕悲傷，就是在拒絕愛自己。伊莎貝爾在內在為悲傷騰出空間時，等於也在騰出愛自己的空間。要特別說明的是，重點不是在勉強自己悲傷。你當然可以選擇不要去觸碰悲傷，這其實也常常不失為一種健康的因應方式。但早晚你會無法忽略這些感受，悲傷也會持續來敲門，時而明顯、時而幽微，不是故意要折磨你，而是想要獲得宣洩。

　　對伊莎貝爾來說，這個療癒工作重點不是要放下，而是要轉換產生共鳴的方式。她無法改變過去發生的事，但可以改變它對自己的箝制，而她母親從未真正理解。當我們與悲傷共處、學著如何陪伴悲傷，過去帶給我們的傷痛就不會因為遇到類似的事，而一再地浮現。伊莎貝爾先前要小約負責安撫她、重視她，其實是在下意識地避免自己搬家後人生地不熟感到孤單，也在預防未來自覺在小約心中不夠重要而難過。這正是在默默地重演伊莎貝爾小時候的經驗：她被要求自己調適、安撫母親，因為成年人只顧得處理自己的傷口。這些都帶來不一樣的視角，但唯有伊莎貝爾願意觸碰內在，一切才得以發生。

　　兩人都要明白的是，假如小約順著伊莎貝爾、凡是把她擺第一，其實對伊莎貝爾也不太好了。當然，小約本來應對的方式也

不太好，但這是我們在「轉向」要處理的事。

唯有轉向才能見真章，才能從「知道」變成「做到」。這是即使周遭事物有既視感，仍然有機會選擇不同的回應方式。在事件喚起（或觸發）創傷後、你做出反應之前，就是轉向的空間，這時你有機會改變自己平常的慣性行為，可以不要被下意識的反射制約牽著走，而是帶著自己的覺察。在轉向的過程中，你花點時間反思你看到的慣性，主動正向回應，而不是情緒反彈。這絕對是說得比做得容易，所以是一輩子的功課。

伊莎貝爾需要留意創傷被喚起的當下，好好命名它、看見它、面對它伴隨的悲傷，這樣就會更清楚接下來要怎麼做。想要真正轉向的話，她需要看清楚自己，還有清楚向伴侶表達。伊莎貝爾不必批評小約，而是要把情感需求開誠布公。在第 8 章「處理衝突」中，你會學到更多相關技巧。不過，目前只需要認知到，當焦點從批評和抱怨變成抒發情感需求，伴侶就大幅提升一起轉向的機率，帶來不一樣的結果。

我提到他們需要一起轉向時，小約問：「那我們要怎麼辦？我想自己跟朋友出去的時候呢？我不希望伊莎貝爾覺得被忽視，我也不是故意要傷害她，但是我真的想要有自己的空間，也希望她有自己的空間啊。」

小約其實在轉向了，只是她還沒察覺而已。光是她明確說出不希望伊莎貝爾覺得被忽視，就是踏出很值得肯定的第一步。她在向伊莎貝爾承認，自己覺察到這個創傷了，而且不想再刻意觸發創傷。她也注意到自己做一些事時，依然會有點綁手綁腳，因為伊莎貝爾曾因此覺得被忽視。

　　這是我們接下來得持續努力的事。小約說出自己心目中的安排，卻也提醒伊莎貝爾她依然很重要；對於小約偶爾想要有自己的空間，伊莎貝爾也努力平常心看待。我親眼見到兩人成長，太美好了。

　　伊莎貝爾練習「轉向」時，也得設法自我慰藉，這樣小約自行出門引發創傷才能加以因應。我建議，她不妨用新行為取代舊行為。與其怒氣沖沖地私訊小約，她不如讀一本書、打電話給朋友、或出去散散步。她藉由自我慰藉、淘汰舊行為後，漸漸找到安撫自己的方式，不再對小約百般索求。

　　在我們每週諮商時間，只要兩人浮現似曾相識的感受，我們就會開始練習命名創傷、看見創傷、好好悲傷，她們都非常努力尋找轉向的空間，設法傳達自己內在發生的大小事。其中一項很有效的方式，就是描述你內在的念頭。伊莎貝爾發現轉向的契機時，可能會對小約說：「我知道你出門見朋友對你很重要，但是我卻在心裡告訴自己，你沒有把我擺在第一順位。」這正是敘事治療（Narrative Therapy）的一環，這是在一九七〇到八〇年代間，主要是由麥克·懷特（Michael White）和大衛·艾普斯頓（David Epston）所提出的治療方式。這項治療讓個案專注於創作有關自我與認同的生命故事，而且這些故事都對個案有益。以伊莎貝爾和小約來說，伊莎貝爾對自己陳述的負面故事，即自己不重要，給了小約翻轉的空間。小約可能會說：「謝謝你和我分享心裡的想法，可是你的擔憂不是事實。你在我心中的地位非常重要。我很愛你，也超期待明天和你一起過。我會隨身帶著手機，隨時會跟你報平安。」這聽起來可能太過理想化，你說不定還會

大翻白眼，心想「誰會這樣說話啊！」我懂你的感受，但伊莎貝爾和小約之所以能善用轉向，是因為兩人非常努力地走到了這一步。這當然不完美，卻是實實在在的進展。別忘了，她們當初的處境可能與你類似。

當然，我們都在腦海中編織各種故事，去猜測別人的感受、想法或感知。在敘事治療中有個很值得練習的句子接龍，因為布芮尼‧布朗在筆下《勇氣的力量》（*Rising Strong*）一書提到而廣為人知，那就是：「我一直對自己說……」你可以用這個句子來釐清自己的想法，也可以分享你的故事，再跟對方確認一下，就像伊莎貝爾上面所做的那樣，就可以打開對話，而不是助長模糊空間或自己默默想太多。試試看有什麼效果吧。

你的療癒練習可能與伊莎貝爾有許多差異，但最顯著的差別可能是你不是與另一半進行練習。你可能沒有像小約這樣的對象共同見證，但假如你有親近的家人或朋友，邀請他們一起進入這個私密場域，也許會有特別療癒的事發生。

當然，這不是必要條件，但可能會帶來非常大的幫助，尤其是能治癒原生創傷導致現在關係的傷口。原生關係的傷口，即來自關係的創傷，讓我們以為自己需要別人來翻轉我們在童年習得的信念。你也許跟其他人一樣，說服自己的重要性或價值掌握在別人手中，即是要往外求，而不是往內求。「當有人表現出我值得重視，我才值得重視；當有人說我有價值，我才有價值。我只有融入群體，才有歸屬感。」這個思考方式有其道理。但問題來了：就部分來說，你的確需要人際關係來協助療癒，而我個人深信，如果是關係造成的創傷，就必須納入關係互動來協助療癒。

但這項療癒工作既攸關人際，也攸關個人。即使你一開始可能沒打算全靠自己來探尋自我價值、歸屬感與平靜的意義，但這是你需要思考的方向。

原生療癒練習

你願意的話，我們就來練習一下。我會持續提醒你在探索過程中，好好照顧自己。假如有必要，你隨時可以暫停，不必強迫自己非得往前推進。

命名：記住，你只需要留意或辨認不受重視的創傷，不必去辜負或無視家人對你的愛。

你還記得第一次懷疑自己在家中是否受到重視是什麼時候嗎？這可能與特定的人有關，也可能是與整個家庭系統有關。你還記得是誰讓你產生懷疑的嗎？你還記得當時自己在哪裡嗎？你在做什麼？你希望那個人能做什麼或說什麼？你還記得什麼事或哪個人比你更重要嗎？看看你能留意多少細節。

看見：試試看近距離看著小時候的自己，他是第一次（或好多次）感到被忽視。把椅子拉近坐下，好看到小時候的自己臉部、表情和肢體語言的細節，開始允許自己去體會小時候的感受。

悲傷：你可能逐漸感受到情緒開始浮現。你可以允許情緒在胸口升起嗎？你可能會與當年的感受同步，可能會替小時候的自己感到難過，因為他不得不忍受這種被忽視的創傷。單純去共感

這樣的自己就好，留意你想要帶給他什麼，想要抱抱他嗎？你想對他說，你很心疼他的遭遇嗎？你想抱抱他，告訴他一切都會沒事嗎？你是否感覺嗎？單純留意一下就好。

也許，你開始發覺自己曾想辦法要被成年人重視。當時的你在努力尋求關注嗎？或是完全放棄？你是否能替過去的自己好好悲傷一下，畢竟這個小孩這麼努力去應對，到頭來卻離真正的自己愈來愈遠？

你可以待在這裡，時間長短由你決定，只要覺得舒服就好。如果你眼睛閉著，給自己一點時間，把注意力帶回現在的空間。眼睛繼續閉著，慢慢地動動手指、腳趾。你可以伸展一下脖子，也可以把手放在胸口或肚子上。你也可以覺察一下呼吸，然後想想看，睜開眼睛後你會看到什麼？你還記得自己在哪裡嗎？然後，緩緩睜開眼睛，不要急，慢慢來。

記得，這個練習的次數端看你的需要。你可以每天都練習、持續一星期，或練習一次後隔年再做、五年後再做。我非常以你為榮。

轉向：隨著練習進入尾聲，我希望你花點時間，正視自己不受重視的創傷在今天的影響。創傷以什麼方式出現？在什麼關係中出現？你可以完成這個句子嗎？

「如果我把自己擺在第一順位，我現在會改變的一件事是＿＿＿。如果我把自己擺在第一順位，我會向別人表達 ＿＿＿。」在未來的一星期內，我希望你找個機會把自己擺在第一順位，好好地付諸實踐。把手放在胸口，你做得很好。

6

我想要給予信任

　　信任別人會讓你的處境非常脆弱。當你付出信任，你也在選擇脆弱、選擇相信別人、依賴他們、信任他們會遵守諾言、付諸行動。對絕大多數的人來說，人生第一次有機會信任的人都是家人。家人透過自身言語、做出的選擇、執行力高低、對別人抱持何種期待，慢慢教導你何謂信任。

　　還記得娜塔莎嗎？我在本書開頭提到的個案，她偶然發現了父親與另一位女子之間的偷情郵件。娜塔莎看到不敢看的難過真相，令她心碎不已。這些郵件是對母親血淋淋的背叛，造成父母之間的默契與信任破裂，也辜負了娜塔莎的信任。她只目睹一次背叛，痛苦的是，她被迫成為背叛的幫兇，多年來隱瞞父親的秘密，也隱瞞會影響母親的相關訊息。

　　娜塔莎只有跟我分享過這段往事，這曾是只有她和父親知道的秘密。對娜塔莎來說，這個負擔太過沉重。這個理想的破滅不僅剝奪了她對父親的信任，還剝奪了她對認識之人的信任，尤其是她約過會的男性。她難以相信人性本善，也難以相信別人會一直誠實正直、信守承諾。她的人生老是在等待好景不常，預期別

人會再次辜負她的信任。

　　如果你難以相信別人，或決定不對別人有信心，你可能有信任的創傷值得探索。信任遇到了言行不一、謊言、背叛和遺棄，就可能出現裂痕。我們也知道，一旦失去了信任，想重拾信任的機率幾乎是零。

信任感創傷的源頭

　　你是否看過父母輕易付出信任，卻發現他們一次又一次地遭人利用？或是父母因為受到信任感創傷的困擾，告訴你要小心或「永遠不要信任男人」，或提出其他以偏概全的看法，至今讓你難以釋懷？你是否也曾輕易付出信任，卻在一瞬間遭到摧毀，像是被父母遺棄，或發現信任的人說謊或欺騙你所愛的人？一旦信任遭到破壞時，你可能會把自己武裝起來，築起一道心牆，日後在任何互動和關係中，都會存有懷疑和猜忌。

　　我發現，大多數人其實不希望過去的背叛，讓他們無法信任現今生活中的人，不希望自己過去遭遇的虛偽或謊言，讓他們無法相信別人可以誠實、坦率和值得信賴，不希望一再檢視自己的人際關係是否有欺騙的成分。活著卻深怕自己被騙，實在會讓人身心俱疲。

　　多數有信任感創傷的個案都會問我：「我如何才能學會信任別人？有沒有辦法可以把過去留在過去、展開全新的人生？」實際上，重拾信任可能是漫長又痛苦的過程。如果謊言、背叛或遺棄的影響，從童年延續到現今的愛情和友情，你對別人可能更加

缺乏信心，造成傷口更加難以癒合。

但不必絕望，還是有一條路可以走：你要先找出自己的信任感創傷。

背叛

特洛伊（Troy）和馬克（Mark）來諮商時，特洛伊對於前晚在派對上發生的事依然氣到不行。他怒氣沖沖地進入諮商室，好像那件事剛剛才發生。

「特洛伊，等一下。怎麼了？發生什麼事情了？」我設法讓他緩和一下。

「他又來了，從來都不挺我，老是跟別人同一陣線，我受夠了。如果你不挺我，幹嘛跟我在一起啊？」特洛伊生氣地說。

「特洛伊，你又不是什麼都是對的。」馬克平靜地回答。

「但是也不代表我什麼都錯啊。」特洛伊厲聲反擊。

這不是我第一次聽說這件事了。特洛伊經常抱怨，說他覺得馬克不支持他。他認為，自己的伴侶理應要無條件支持他、站在他那邊才對，但馬克不僅沒有支持他，還通常會與別人同一陣線，讓他覺得被背叛了。馬克則說，他真的很難去支持特洛伊，因為他不想助長所謂的「不良行為」。

「難道只是因為是另一半就挺嗎？假如他說的話很丟臉要挺嗎？他提出的觀點有違事實也要挺嗎？我懂他希望我支持他，但是我不同意他的話，真的很難勉強自己當他的啦啦隊。那條界線在哪裡呢？」

馬克說得有道理。界線在哪裡呢？但在試著回答這個問題之

前，我們務必要了解潛藏的創傷。特洛伊明顯覺得被馬克出賣，不相信馬克會支持他。但特洛伊對這件事的情緒反彈也顯示，他過去的人生經歷過類似的背叛。

在深入了解他的原生家庭後，我才得知特洛伊的父母在他七歲時就離婚了，他母親數年後再婚，繼父有兩個自己的兒子，年齡與特洛伊相仿。

「我每次都是唯一被處罰的人，每次都這樣。他們做了什麼不重要，反正都是我的錯。我媽只會袖手旁觀，每次繼父幫他兒子講話，我媽都是看著。他們就算把我燒死，也會是我的錯。我恨死他們了。」

特洛伊從小到大沒有人幫他說話。他無法理解，繼父怎麼能無視親生兒子這麼誇張的行為。更讓人心寒的是，母親是他在那個家中唯一有血緣關係的親人，卻也沒有替他出面。特洛伊覺得自己被出賣了，因為母親沒有站出來維護他。他難以相信成年人會做對的事。「我懂那是你的小孩，你自己會更關心他們，但是你怎麼可以對他們做的事視而不見，再轉過頭來把所有的責任都推到我身上啊？」

所謂背叛，指的是有人打破維繫一段健全關係所需的顯性或隱性共識。一旦關係的共識遭刻意打破時，譬如有人出軌或被遺棄，就會出現遭到背叛的感受。但當你需要或期待從別人身上獲得某樣東西，像是安全感、保護或重視，卻被冷落在一旁，這也會讓你覺得被背叛，進而侵蝕信任感。

另一種背叛，指的是刻意隱瞞重要資訊，例如刻意不提及自己被解雇、或其實自己結婚成家了、或把小孩未來的大學基金拿

去賭博、或偷偷花大錢買東西。

我經常在關係中看到這類情況，而欺騙和背叛的影響可能比想像的還要嚴重許多。我有些個案在外頭瘋狂購物，趁伴侶還沒看見之前就先丟掉商品的盒子或袋子；有些個案在伴侶不知情的狀況下把鉅額款項匯給家人。他們對這些行為可能會加以辯解，像是「不必為了這點小事吵架」和「這是我賺的錢，愛怎麼花就怎麼花」。但無論如何解釋，都無法改變背叛的感受或關係的破裂。

一旦背叛留下了信任感的創傷，信心就會受損，你的腦海會一再出現「我沒辦法信任你」的心魔。

在家庭中，背叛可能以無數的形式出現。想想看，你是否遇過背叛？原有的信任是否被破壞過？是否曾對某位家人缺乏信心？這件事何以讓你覺得別人不值得信任？

- 我曾覺得被 ＿＿＿ 背叛。
- 那次背叛的經驗是 ＿＿＿。
- 這影響了我信任別人的能力，因為 ＿＿＿。
- 現今，我保護自己的方式是 ＿＿＿。

你被所愛之人背叛時，可能會讓你質疑自己世界中的一切人事物。你過去的篤定感、腦中每個記憶，如今都被懷疑所取代。原本充滿信任感的人生被打上了問號。然而，認真找出創傷、重建信任感是很有勇氣的行為。我看見擁有柔軟內心的你，正在努力做到，我在這裡替你加油！

欺騙

我剛認識安潔麗卡（Angelica）那時，她說自己需要練習更信任她的伴侶。她再度被抓到偷看對方的手機，已數不清是第幾次了。男方對此當然感到不滿。安潔麗卡知道自己需要停止這個行為。「我知道自己一直在踩他的底線，但是我真的好難完全信任他，儘管他從來都沒有讓我覺得不能信任。」

安潔麗卡透露的是信任感創傷。她以 App 追蹤伴侶的手機，時常去檢查對方是否真的在他所說的地方；她還會翻看伴侶 IG 上的私訊、檢查他的簡訊和電子郵件，確認他是否有跟她不認識的人聊天。假如她碰巧發現陌生的名字或號碼，就會質問伴侶那個人是誰、兩個人怎麼會認識。安潔麗卡無所不用其極，就是為了保護自己免受伴侶的欺騙。

我知道，這個行為的背後必定埋藏著一個原生故事。在我們某次諮商過程中，安潔麗卡告訴我，她二十一歲時發現，自己的姑姑其實才是生母，而她叫媽媽叫了一輩子的人其實是姑姑。是的，你沒有看錯。

安潔麗卡當時剛剛大學畢業，共有二十多名家族成員來參加她的畢業典禮。後來，安潔麗卡在廁所隔間裡，聽到了母親和姑姑在聊天。她聽到姑姑說：「非常謝謝你為安潔麗卡付出的一切，謝謝你二十多年前伸出援手。我那個時候還沒有準備好當媽媽，幸好她有你，幸好我也有你。」安潔麗卡待在廁所隔間裡，整個人動也不動。

「我剛剛聽了什麼？姑姑在說什麼？這是什麼意思？」她聽

到這些話，但腦袋無法消化這些資訊。廁所裡沒有其他人了，她沖了馬桶走出隔間。這簡直像是電影會出現的場景。就這樣，安潔麗卡發現自己被騙了一輩子。

安潔麗卡的家人一直沒告訴她出生的真相，因為他們真心認為這才是正確的決定，但安潔麗卡仍然覺得被欺騙了。她原來活在謊言之中，而更糟糕的是，全家族每個人都知道，只有她被蒙在鼓裡。這個震撼彈讓安潔麗卡質疑起人生中的一切。「你對我說的是真話嗎？或是你在對我說謊？」這些疑問不斷在她的腦海湧現。

這實在情有可原，她覺得必須親自確認真相，套句她對我說的話，就是自己要「親眼目睹」。但她不只是難以信任別人而已。一般人被欺騙、背叛或誤導後，很容易就會一併失去對自己的信任。「我怎麼會不知道這件事情？我怎麼會沒看出來？我怎麼沒辦法做出這麼簡單的判斷？我難道連自己眼皮底下發生的事情都看不出來嗎？」

你回顧一下自己的童年，看看是否曾經歷或觀察到任何欺騙？記得，欺騙不見得會發生在你身上，你可能曾目睹父母之間的謊言，或父母對兄弟姐妹說謊，因而受到了影響。

◆ 說謊的人是 ＿＿＿＿ 。
◆ 那次經驗當時對我的影響是 ＿＿＿＿ 。
◆ 那次經驗現在對我的影響是 ＿＿＿＿ 。

遺棄

　　「我覺得她就是真命天女了。」馬穆德（Mahmoud）前一天晚上剛剛約會完，興奮地跟我分享細節。「我真的覺得可能就是這個了。」他再度強調。雖然我很想陪他慶祝這件事，但我還是保持謹慎。在過去兩個月裡，我好多次聽到他用一模一樣的話形容其他女生。馬穆德有個慣性：跟女生約會時一拍即合，再跟我說他找到了真命天女，隔週回來卻說感情吹了，一次又一次地重複這個迴圈，這次也不例外。

　　我們需要進一步探討，看看是否找得到過去的淵源。馬穆德八歲時，他父親告訴家人他必須回祖國埃及出差。他通常每個月出差一次，但這次他再也沒有回來。幾個星期後，馬穆德和姊姊開始問母親，父親什麼時候會回來。幾個月下來，母親一直告訴他們，父親工作比預期的更花時間。但最後紙包不住火，母親才透露，父親再也不會回來了，因為他決定留在埃及。

　　一直以來，父親離家的真正原因都沒有答案，只有各種憑空猜測。而他拋妻棄子後，無疑讓全家人心碎了。馬穆德是家中唯一的兒子，向來跟父親的感情很好，因此傷心欲絕。

　　他原本都把父親當長大後的榜樣，如今父親卻不在了。「為什麼爸爸要走？他不愛我們嗎？我做錯了什麼？」他不懂到底發生什麼事。

　　童年時期的遺棄是一種背叛，即父母或照顧者故意遺棄或放棄養育的責任，無視親生子女的整體福祉。這也許是生理上的遺棄，就像馬穆德的父親離家出走，但也可能是心理的遺棄，即父

母難以照顧小孩的情感。

　　你的成長過程中曾被遺棄嗎？是誰遺棄你呢？對你造成什麼影響？這個經驗如何讓你不再信任別人？

◆ 曾遺棄我的人是 ＿＿＿。
◆ 這個經驗帶給我的信念是 ＿＿＿。
◆ 現今我保護自己的方式是 ＿＿＿。
◆ 但我現在慢慢體悟到 ＿＿＿。

因應信任感創傷

　　如果你覺得在家中無法付出信任，可能會讓你在有意無意間地保護自己，深怕受到背叛、欺騙、謊言和遺棄。你也許會拼命為自己打造安穩與篤定的感覺，可能是隨時提防別人、測試他人、掩蓋自己的脆弱、或很快與人親近以營造篤定、親密和投入的感覺。但這些因應信任感創傷的方式，實際上無法真正修復信任感，反而只鞏固了不信任的心態。

封閉自我

　　你遭遇欺騙、背叛、說謊或遺棄時，可能覺得唯一的選擇就是封閉自我。封閉自我是一種保護機制，反映了「假如別人無法親近我，我就不會受傷害。」你可能選擇從不分享私生活的細節、放棄跟朋友真正交心、再也不約會、或任何方式讓人難以親近你。

如果對方要求分手，你可能會說「我再也沒辦法愛人了」之類的話。我們之所以說出這些話，是因為結束一段感情十分難受，這樣的經驗往往會與背叛劃上等號。我們拒絕袒露自己的脆弱面，因為永遠不想再經歷相同的傷痛。

這不僅僅針對失戀而已。一旦你的某位家人辜負你的信任，又沒有採取足夠的行動來修復信任，封閉自我、拒絕交流可能就會是唯一的選擇。

因應策略的棘手之處在於，從許多方面來看，你確實能避免遇到自己害怕的事物。持續封閉自我也許會達成你的目的，但代價是犧牲了感情中的連結、親密與深度。如果你把自己封閉起來，也許能避免再次失望，但也永遠無法再與別人建立信任、修復信任，也無法寫下全新的生命故事。

你曾封閉自己來因應信任感的創傷嗎？這對你產生了哪些幫助？你是否明白過去這樣的因應策略是怎麼保護你呢？你是否也注意到，現今相同的因應策略阻礙了某些事的發生？

過度防備

安潔麗卡在畢業典禮證實家人集體對她說謊時，引發了她的情緒連鎖反應。此後，她對伴侶變得過度防備，像是檢查電子郵件、簡訊和 IG 私訊，唯恐自己可能被再次欺騙。

過度防備的人時時刻刻都在留意環境、人際關係和周圍事物，尋找任何欺騙、謊言或背叛的跡象。這也是自我保護的方式：「假如什麼都瞞不過我，我就不會受傷。」但這也是沉重的負擔。你也許會感覺自己一輩子都在提防別人，不斷尋找自己可能

被欺騙和背叛的徵兆。這也是情有可原。如果你的經驗和信念是別人不會為你著想、他們不值得信任，那還有誰會保護你呢？

　　我父母辦離婚手續期間，我整個人都過度防備。我從他們兩人那裡聽到截然不同的說法，想也知道不可能都是事實。我知道有些不對勁，所以都會非常仔細地聽所有成年人說話、觀察誰在撒謊或有所隱瞞。無論是父親或母親在家中講電話時，我都會拿起家裡第二個聽筒偷聽，只為了聽到「真相」。這讓我變得很會判讀人心，正好是現今派上用場的能力，但過度防備卻奪走了我原本想要的喜悅、交流、自由與玩樂。這類不良因應策略會輕易延續到成年生活。對我來說就是如此。在我私人生活中，別人常會說我對細節斤斤計較、或說我愛挑伴侶的錯誤。我和康納都會開玩笑地把我稱作「愛證明」，因為我不會放過任何細節，還一定會告訴對方。現在我可以一笑置之，但過去這種情形卻導致了脫節和衝突。

　　你在哪些方面變得過度防備，只為了因應信任感創傷呢？你到今天還是這樣嗎？是否帶來了什麼幫助？你是否留意到，這個因應策略在現今生活產生了負面影響？

測試和扯後腿

　　我們缺乏信任時，通常會覺得需要測試周遭的人，測試的方式也許是故意不說出自己的期待、欲擒故縱來展現你的重要性，也可能擴大個人界線，或提出你明知不合理的要求來測試對方有多投入。

　　特洛伊不知道自己是否能信任他人，但他絕對會加以測試對

方。他希望有人跟他同一陣線、幫他說話。有時，他甚至知道自己有錯，但仍然希望馬克支持他，就像繼父偏袒自己的小孩，還有童年的他對母親的期盼。「我只是想要被支持的感覺，不可以嗎？」特洛伊想體驗的是，即使自己行徑再誇張，伴侶仍然願意支持他。

馬克知道特洛伊的信任感創傷，以及遭背叛的原生故事後，兩人關係的動力就發生了變化。由於我們花時間一起照顧那道傷口，因此特洛伊不需要像以前那樣測試馬克。信任感是透過好好對話和展現脆弱才能刻意地建立起來，而不是像特洛伊以前設法展現誇張行徑來評估馬克對他的愛。他們兩人的信任感建立得愈牢固，特洛伊在社交場合鬧脾氣的狀況就越少。

你都會用哪些方式測試別人呢？你想要藉由測試來證明什麼呢？這樣是否破壞了你現今關係呢？

測試也可能會變成扯後腿。娜塔莎在發現父親外遇之前，是很願意信任別人的女生。父親是她心目中的榜樣。但她發現偷情的電子郵件後，一切都改變了。一夕之間，娜塔莎開始覺得即使是身邊再親近、再愛的人，都有可能產生難以想像的背叛行為。

這就是為何她很難完全信任交往中、即將向她求婚的克萊德，也無法相信過往所有伴侶。她老是在等著發現別人的「秘密」，儘管克萊德從未有不值得信任的理由。這層不信任，只會扯感情的後腿。

娜塔莎考慮要結束這段感情來保護自己，一如她以前處理感情的方式：「只要我在你背叛之前提分手，就不會受到傷害。」娜塔莎並不會測試克萊德，而是會暗中破壞這段感情。她有很長一

段時間，想方設法推開別人，確保關係會先結束，這樣就不會再次心碎。

但她的扯後腿與逃避反而害了她，特別是在這段感情中，娜塔莎其實擁有了她想結婚的男人，他既善良，關心又體貼，渾然不曉得她當前的困境，以及她多年來的沉重負擔。

你覺得缺乏信任感時，也會蓄意破壞關係來保護自己嗎？這對你當前的生活造成什麼阻礙呢？

焦慮依附

部分有信任感創傷的人在成年後會封閉情感、孤立自己，以免再次受到傷害。然而，有些人（例如馬穆德）則採取相反的策略，他們會迅速地依附某個認識不久的人，希望填補內心的空虛。

你也許熟悉「依附理論」，該理論最早是一九五二年由英國精神分析師約翰・鮑比（John Bowlby）所引介，後來由發展心理學家瑪麗・安斯沃斯（Mary Ainsworth）進一步闡述。她進行了著名的「陌生情境」（Strange Situation）實驗：觀察嬰兒的母親離開房間一段時間再回來，嬰兒會有什麼反應，藉此評估不同的依附類型。

擁有安全依附的嬰兒跟母親重逢後會再度連結，設法與母親近距離建立親密感，也渴望互動。但沒有安全依附的嬰兒在母親回來後，反而會對母親感到生氣和焦慮，或完全迴避母親。「陌生情境」實驗遂成為衡量安全依附和不安全依附關係的工具，至今對於嬰兒時期和成年時期依附的理解依然是好用的架構。

　　研究顯示，嬰兒時期有安全依附的人，往往在成年後也會有安全依附，而嬰兒時期有不安全依附的人，成年後則持續有著不安全依附。馬穆德的父親離家後，打亂了馬穆德的安全基礎。因此，他整個人變得焦慮，設法透過連結來打造安全感，往往加快培養感情的正常速度，與潛在約會對象直接進入「交往」的狀態。這個因應策略是要迅速與對方發展極度親密的關係，這樣就不可能失去信任感，藉此建立安全感，像是「如果我可以維繫這段感情，就不會再被遺棄了。」

　　馬穆德的性格很討喜，所以換了對象後的前幾次約會往往很順利，兩人會有天雷勾動地火般的連結。但他接下來都進展得太快，跟約會對象討論起彼此未來的生活、同居、訂婚和結婚，還有要生幾個小孩。起初，對方可能會覺得他很搞笑風趣，但他太過認真時，就會讓人產生反感，女方便會婉拒下次約會或不讀不回，同樣的情況一而再、再而三地發生，他後悔地對我說：「我知道這樣只會把人逼走，但是我就是改變不了這個慣性啊。」他明白自己的行為讓人倒胃口，但不懂自己為何有這種強迫的行為，也不知道以後如何改變慣性。

　　「你愈想保護自己不被遺棄，其實卻會帶來更多遺棄感。」我說。

　　「哇……我從來沒有這樣思考過耶，我需要一點時間消化一下。」

　　無論你是為了保護自己不再被遺棄，而逃避連結和親密關係，或你在關係之中會迅速地出現焦慮依附，最終的結果仍然是缺乏真正的情感連結。馬穆德的感情生活之所以一再告吹，是因

為他的主要目標是保護自己，確保自己永遠不會再次被遺棄，而這並不是了解別人、建立真正的連結、或讓感情自然發展和升溫的合適方法。馬穆德在無意中想強硬打造父親多年前奪走的信任感。

他需要放慢與人交流的速度，刻意展現自己的脆弱面。他需要給予空間來真正了解別人，也讓對方可以了解他。這絕對會是一個風險，而關係不會從天上掉下來，沒有人能保證感情會持續一輩子，沒有人能保證有人會留下來。你希望父母是保證能陪著你的人，結果父母卻選擇離開你，這無疑是重大的打擊，導致難以相信世界上有人不會遺棄你。

我們在此要釐清的是，遭到遺棄與感情告吹並不一樣，這對許多人來說很難理解，不安全依附的人更是如此。我認為，這點必須加以強調。對於基於被遺棄而產生信任感創傷的人來說，他們認為需要找到絕對不會離開自己的人：「答應我，你絕對不會離開我」、「答應我，你永遠都會留在我身邊」。但當然這件事無法保證，個人可以做出承諾，也可以說出這些話，但這些話無法改變未癒合傷口帶來的恐懼。這些話本身其實無法建立信任感。

未經處理的信任感創傷，可能會在現今關係中造成嚴重的破壞。除了會對潛在伴侶帶來壓力，信任感創傷還可能不知不覺間吸引不值得信任的人，他們只會證明你的恐懼。這個創傷也可能會迫使你有虛假的情緒連結，或讓你不敢建立太深的感情，只為了不再次受到傷害，生活進退兩難。當你的創傷在關係中握有主導權，就不可能建立你需要的安全感和信任感，也就無法迎接全

新的信念、經驗和療癒之道。

　　壓抑信任感創傷幫助你巧妙地避開痛苦，卻無助於創傷的療癒。願意信任的前提是要相信自己的韌性，也需要鞏固自己的判斷力，並且在遭遇謊言、欺騙和背叛後，仍然堅信自己有調適和恢復的能力，從中學習，增長智慧而不會愈發冷漠封閉。

療癒信任感創傷

　　學著去信任自己與別人是很不簡單的事。安潔麗卡夠勇敢才能與伴侶一起努力，說出創傷、分享創傷是第一步，而讓她也必須去深深感受家人的欺瞞與衝擊。她必須做到這點，才有希望消除自己的不信任感。

　　最後，她不再自行窺探，而是會跟伴侶說自己「想要」窺探，因為對某件事不安心，再對此向對方尋求釐清、進而放心。她也不再用 App 追蹤伴侶，而是改傳簡訊問他在哪裡，並且練習相信伴侶的話。畢竟，對方向來都讓她很放心。

　　我們一旦確認娜塔莎的信任感創傷後，她就逐漸發現，不必再一個人背著包袱了。她有我可以分享，減輕心理的負擔，之後她也會選擇跟克萊德訴說這個秘密。這個決定等於袒露自己的脆弱，本身就反映了她更加信任克萊德。娜塔莎冒險一試，踏入未知的領域：「別人愈了解，就愈能傷害你，不是嗎？」這個問題在她心頭盤旋了好幾個星期。

　　「這樣他就會知道我最脆弱的一面了。」她說。

　　「是啊，」我回答，「我們不曉得克萊德知道以後會有什麼

行動，也不知道他會有什麼反應，不過光是有部分的你願意與他分享，我就知道有部分的你相信他可以承受得了、可以正視你告訴他的事情。我也知道，在你的內心深處，你認為與他分享有助於改善彼此的關係。假如你看不到任何好處，我覺得你不會真的說出口。」

這些話觸動了娜塔莎的心弦。娜塔莎的傷口終於癒合到可以擺脫幫父親保密的角色，這個秘密主導著她的人生與感情，她已準備放自己自由、不再受秘密控制。她願意把事告知克萊德，就是在設法恢復信任、鞏固信任，而不是逃避受傷、自扯後腿。

幸好，她有著深深關心她的伴侶。當她讓克萊德進入內心、傾訴秘密，兩人成了更加堅實的團隊。她成功地用溝通取代了蓄意破壞，也尋求克萊德的協助，繼續打造更多信任感。對娜塔莎來說，這帶來不可思議的療癒效果。她開始改寫了原先內心深處的信念，對於男人、親近自己的人與親密關係中的背叛，有了不同的看法。我有幸見證了整個美妙的過程。

這個練習要奏效的前提，就是你有誠實的伴侶或朋友，他們願意陪你重建信任感。他們應該已長時間在你面前展現真實的自我；當然，你可能也會被最意想不到的人給欺騙或誤導。

實際上，所有具有信任感創傷的人，可能都會覺得信任本身自帶風險，但是作家海明威有句名言一針見血：「想知道能否信任一個人，最好的方法就是信任他們。」這並不是魯莽的行為，而是刻意地練習信任，看看信任感是否存在或可以建立。

願意信任的前提是要相信自己的韌性，也需要鞏固自己的判斷力，並且在遭遇謊言、欺騙和背叛後，仍然堅信自己有調適和

恢復的能力，從中學習，增長智慧，而不會愈發冷漠封閉。當你身邊有親友的關愛和支持，就會更加容易。

這個練習並不是要你避開傷痛或情緒，也不是建議你無視別人的欺騙和背叛，反而是強調去學習只要擁有愛和支持，你就可以度過許多難關。這樣一來，你也可以分辨出哪些人值得信任或無法信任，同時鞏固你對自己的信任感。

我不知道是否有方法可以保護自己免受欺騙、背叛、遺棄或誤導。我認為，你可以大幅降低自己遭遇這些事的機率，但我覺得也許無法完全避免。如果你受過傷，你就會盡力避免再經歷相同的痛苦，但避免信任別人其實無法幫助你重拾信任。

這點會讓你心頭一震，所以容我再說一遍：避免信任別人其實無法幫助你重拾信任。你可以重拾信任的唯一方式，就是去刻意地嘗試錯誤。

培養信任感是展現脆弱的行為，感覺非常可怕又赤裸。正因為難以立刻就相信別人，所以我常常告訴諮商個案，先專注於培養對自己的信任。設法在生活小事中落實自己的承諾，例如固定幾點要上床睡覺、每天喝夠水或在哪些日子運動，看看你是否能逐漸信任自己說的話，以及對自己許下的承諾，把心力投入其中。

如果你有興趣嘗試「信任對方來看看對方是否值得信任」，我希望你不妨順便思考一下，你覺得哪些事容易信任、哪些事又最難信任，可以逐項列出來供自己參考。留意那些你覺得最難信任的事，是熟悉或陌生。正如我先前所說，這並不是魯莽的嘗試錯誤，而是你積極的起心動念，需要去連結你的創傷、說給獲得

你足夠信任之人聽，再讓對方進入你的內心世界，看到你的懷疑、猜忌和批評。

我發覺，只要主動告知你很想信任的人為何你難以付出信任，真的會帶來幫助。如果對方嘲笑你、毫無同情心或不當一回事，就充分顯示他們不是讓你安心的練習對象。另外，這也不適合與剛認識的人分享。最好對方明顯地真正關心你、也在乎你。無論你的創傷為何，假如對你的傷痛缺乏包容，就無法協助你修復和療癒。我們稍微來練習看看。

- 每當 ＿＿＿，我就很難信任你，因為 ＿＿＿。
- 這讓我想起 ＿＿＿，內心覺得 ＿＿＿。
- 可以幫助我的方式是 ＿＿＿。
- 我願意承諾的是 ＿＿＿。

信任感的建立，是要先付出信任，然後在該經驗中獲得安全感。當你勇敢地給予自己和別人機會共同培養信任，當你付出信任且對方信守承諾、證明自己值得信賴，信任感自然就會出現。信任感愈來愈攸關當下，而不是指望一無所知的未來結果。與其說「答應我，你永遠不會離開我」，不如轉變為「我當下的感受是什麼？」這個意思並不是一段關係永遠不會結束，可能你與別人共同走了一段路，後來卻選擇分道揚鑣。但你也許能不失去對人的信任，好好走過那段路。

信任感難以輕易地重新建立，也不可能在一夕之間就恢復。但你確實可以建立對自己的信任，也可以選擇與他人共同建立信任。

原生療癒練習

　　我們繼續往下練習。如果信任感創傷讓你有所共鳴，我們就一起進行原生療癒練習。

　　找到一個舒服的地方，你可以躺下或坐在椅子上，眼睛可以睜開或閉上，確保你的環境既安全且保有隱私。提醒一下，如果你正在經歷創傷，務必要好好照顧自己。在這項練習中，最重要的是有人可以引導你、支持你，並且在練習過程打造安全的空間。

　　命名：你能否清晰回想第一次質疑自己能信任別人的時刻？或第一次失去信任感的時刻？你還記得那一天嗎？記得你在哪裡嗎？記得是誰讓你心生懷疑嗎？

　　看見：現在更加專注在自己身上。試試更靠近看著年輕的自己，你第一次遭受背叛、欺騙或遺棄（記住，這不是此刻的你）。就當成你在看一段影片，我希望你留意那一刻遭受背叛與欺騙的體驗。留意被欺騙的感受、留意父母離開的感受。留意你臉上的表情，留意悲傷或不信任浮現時肢體語言的任何變化，開始讓自己感受那個小時候的你。

　　悲傷：現在，你可能開始感受到情緒出現了。你可以允許情緒浮現嗎？你可能會同理起多年前自己的感受，可能會心疼不得不忍受信任感創傷的自己，好好去感受那個小孩。單純留意一下，你想在此刻帶給小時候的自己什麼，他們需要什麼？你想不想抱抱他嗎？想不想告訴他，你很心疼他的信任被辜負？想不想

把他抱起來，說你知道被欺瞞很難受嗎？你感覺想做什麼呢？單純留意一下。

　　想要在小時候停留多久都可以，只要感覺舒服就好。如果你眼睛閉著，就慢慢地把注意力拉回房間。眼睛維持閉著，稍微動一動手指和腳趾，也可以伸展一下脖子，或把手放在胸口或肚子。你也可以覺察自己的呼吸，想想看張開眼睛後會看到什麼。你記得自己在哪裡嗎？然後，非常緩慢地睜開眼睛，慢慢來就好。

　　記得，你可以按照自己需要的次數進行這個練習，可能每天都練習，持續一星期，或練習一次後隔年再做、五年後再做。我非常以你為榮。

　　轉向：在本章進入尾聲前，我希望你花點時間正視自己的信任感創傷在今天的影響。創傷以什麼方式出現？在什麼關係中出現？你可以完成這個句子嗎？

　　「如果我允許自己完全付出信任、不害怕單純做自己，那會出現的改變是 ＿＿＿＿。」

　　在未來的一星期內，我希望你留意可以把行為模式汰舊換新的機會。

寫一封信給你的創傷

　　這是信任感創傷原生療癒練習的最後一個步驟。我發現，寫信具有非常強大的效果。你可以寫信來充分表達自己，同時也能把你要重新找回的東西形諸文字。如果你有信任感創傷，我強烈

建議你抽空來寫信。

　　我希望你寫一封信給自己的信任感創傷（沒錯，這封信開頭會是「親愛的信任感創傷」）。信中應該對創傷充滿慈悲，也許會感恩至今你的創傷因應方式。但我也希望你跟創傷說，你想要為自己重拾什麼東西？你希望告訴創傷什麼事？你想讓創傷知道你現今的生活狀況嗎？你想要自己主導、而非讓創傷掌控的是什麼？直接對創傷說出口，開始與創傷建立關係。療癒信任感創傷的一部分，就是創傷本身要信任你。你告訴創傷，自己值得哪些信任。

　　同樣地，這個練習不會一夕之間完成。你可能會一次又一次地回來寫這封信，也可能會增加部分內容，可能會多次寫信給信任感創傷。但就目前來說，只要開始就好。

7

我想要有安全感

　　小時候，你的安全感大幅依賴父母和照顧者。你父母理應要保護、尊重、關注、捍衛你的利益，同時設下規則和界線來保護你的安全感。但我們都知道，我們生活中的成年人不見得都能好好做到。有時他們反而會後知後覺、造成了傷害，或草率看待我們的生活，讓我們處於危險之中。

　　當然，從你出生開始，本來就無法保證必定會受到關愛與保護。而這「應該」要是你的生命經驗；你「應該」在家中獲得安全感；你的家「應該」是你尋求慰藉、安全感、平靜、穩定和熟悉的地方；你周遭的世界充滿恐懼、威脅和困難時，家「應該」是你的避風港（我不常使用「應該」這個詞，但此處感覺很適合）。

　　當然，你的父母無法保護你不受到外界的所有傷害，但假如家人有虐待傾向、情感忽視、情感剝削、霸道、魯莽或情感不成熟，就很容易形成安全感的創傷。你聽過「家是心靈的歸宿」這句話嗎？這並非對每個人都是事實。家，不見得是每個人都想要回去的地方。有時，家陌生難測。有時，家混亂不堪。有時，家是暴力的溫床。

安全感創傷的源頭

我們提到安全感時，都避不開虐待的議題。我先與你分享這一點，因為我希望你在閱讀本章時好好照顧自己。無論你是否經歷或目睹過虐待，閱讀這方面的內容可能會引發情緒，讓你感到不安又難以負荷。你在閱讀這些內容時，記得好好地評估自己的狀態。

虐待

無庸置疑，虐待會造成安全感創傷。有虐待的地方，就不會有安全，絕對如此。你自家中有虐待行為，或家人沒有加以阻止，你就會經歷重大的打擊，這正是源自家庭的背叛和信任感喪失。正如教授暨女性主義作家貝爾‧胡克斯（Bell Hooks）在《關於愛的一切》（*All About Love*）中所言：「虐待與忽視抹殺了愛，關懷和肯定是愛的基礎，而虐待和羞辱則恰恰相反。」愛與虐待無法並存。

我們會透過家庭系統的角度來檢視虐待，但你可能會發現符合自己現今生活的狀況。如果你正處於暴力的關係中，請尋求專業幫助。我會在下文說明不同類型的虐待，以及在童年可能出現的表現形式，請多加留意。

虐待的定義是一個人運用慣性行為，持續掌控另一個人，共分成六種類型：身體虐待、性虐待、言語／精神暴力、精神／心理虐待、財務／經濟虐待，與文化／種族／身分虐待。所有類型的虐待都是指一個人掌控另一個人，所以小孩才很容易受到虐

待，因為在成人和孩子的關係中，本來就是由權力和控制所主宰。

你很可能熟悉大部分的虐待類型，但我認為我們必須一起仔細地探討。

身體虐待會危害小孩的人身安全。也許你目睹過父母之間的肢體暴力，或父母對兄弟姐妹家暴，因此你感到無助、害怕和不安全。也許你就是受虐的對象，承受著父母的憤怒和過激反應。他們可能曾向你扔東西、打你、踢你、勒你脖子。我聽過無數讓人心碎的故事，小孩活在恐懼之中，無助等著被成年人虐待。我曾有個案說，父母會把香菸在他們身上壓熄，或朝他們的頭部丟擲重物。甚至有個案告訴我，他父親都叫患有腦性麻痺的兄弟在沙發跳上跳下，以當作懲罰。

但即使沒有實際接觸，也可能發生身體虐待，像是成年人肢體上帶來威脅或恐嚇，或有人追趕你，或父母站在你房間門口，讓你無法離開。你可能曾擔心自己的人身安全，或即使在個人空間中，仍然覺得受困或倍感恐懼。

性侵則是危害孩子的性安全。大約十分之一的小孩曾在十八歲前遭到性侵。但由於童年的性侵通常不會被通報，實際的比例可能要高出得多。你可能被家人性侵過，譬如父母、繼父母、兄弟姐妹或表親。性侵者可能會揚言要傷害你或你愛的人，確保你不會說溜嘴，也可能會說服你要接受發生的事，或說這件事很合理、很正常。你可能覺得害怕，或可能十分困惑，覺得哪裡不對勁，卻也感受到性快感。我曾有一些個案告訴我，童年太早接觸色情內容，或繼父在沒其他人在場時說話充滿性暗示，都讓他們

非常不舒服。兒童性侵除了肢體觸摸，也包括成年人與未成年人之間無肢體接觸的性行為，或未成年人用權力和控制來主宰另一名未成年人。

　　言語和情緒暴力則是設法運用言語或情緒來恐嚇、孤立、控制或貶低你。在前文中，我提過傷人的話語。言語和情緒暴力可能是吹毛求疵、人格抹殺、侮辱外表或成就、在公共場合羞辱你，或抱持高高在上的態度。話語傷人至深。我有個案曾告訴我，小時候他的繼父是曲棍球隊教練，經常在隊友面前批評他的不是。有一天，他繼父在眾人面前對著他說：「你媽真的大錯特錯，居然被你爸搞大肚子。她當時應該讓他體外射精才對。」這句話對於我的個案和他母親來說，都是赤裸裸的言語暴力與羞辱。

　　精神和心理虐待屬於情緒暴力的範疇，但更加難以覺察。加害者運用心理虐待去控制、恐嚇和貶低受害者。父母可能會一再口出惡言說要傷害你、傷害自己或傷害別人，也許是任何事出錯都會嚴厲責備你、或揚言假如你不乖就要把你趕出家門、或冷暴力地長時間無視你的存在、或故意把你上學或自我照顧所需的東西亂擺或藏起來，讓你以為自己有毛病。我有個個案曾分享，他父親只要在生她的氣，就會去找出他的功課或作業，揚言要把它們撕爛或弄壞。除非她乖乖聽話，否則父親就會拿出他最愛的衣服，揚言要在他面前毀掉。另一個個案則說，自從他跟父母出櫃後，他父親就不再跟他說話，持續了好多年。當時，我的個案有寫日記的習慣，他發現只要提到自己是同志的事，那一頁就會被撕掉。

　　財務與經濟虐待指的是用錢控制受害者。雖然你可能會覺得這類虐待發生在成年人之間，但其實也會發生在父母和小孩之間。你可能存了多年從生日或禮物得到的零用錢，但父母卻讓你無法使用；父母也可能挪用你的錢，或未告知你就用你的名字申請信用卡、付帳單、開帳戶等。他們可能會因為你的錢而剝削你，或看你花自己的錢就情緒勒索你。

　　文化／種族／身分虐待是指加害者利用你的文化、種族和身分讓你經歷傷痛或折磨並且控制。家中可能會因為繼父母或收養的關係，出現文化和種族的差異。也許，你在成長過程中聽過針對文化或種族的辱罵，或家人曾威脅要逼你出櫃，或你可能基於信仰有特定飲食或服裝打扮，家人卻百般嘲笑或不讓你做自己。有位印度裔的個案告訴我，她的父母離異，母親改嫁一名白人。繼父老是拿她手臂和臉上的毛做文章，喜歡嘲笑她、叫她要剃毛，否則學校同學可能會把她當成動物。這些話既讓人討厭又侮辱人格。

　　我還想要說明另外兩類虐待：忽視與剝削。

　　忽視包括缺乏適當的食物、衣物、住所、醫療照顧和監護。忽視可能是主動的、有意的發生，也可能是被動的、無意的出現。父母可能無法滿足你的醫療、衛生或營養需求。父母也許讓你獨自留在家中，沒有任何適當的照顧或監護，或你有身心需求去找父母協助時，他們可能忽略了你的需求，導致情緒的困擾和痛苦煎熬。

　　剝削兒童指的是利用兒童來得到營利、勞力、性滿足或其他個人或財務優勢。兒童通常會換來禮物、金錢、藥物、好感或地

位。也許是在生活中，有人把你當成性交易或販運的工具，以遂行私利；也可能有權威人士利用你來持有、出售或運送毒品。

　　好了，先深呼吸一下，資訊多到難以消化。如果你經歷過以上任何情況，無論你是第一次發覺或長時間以來了然於胸，我都建議你去找專業諮商師，支持你處理受虐的經驗。坊間有安全的環境，協助你進行這個重要事項。

輕率行為

　　有些人的安全感創傷是源自父母知道或理應知道自己的行為、舉止、決定和選擇可能會造成傷害，但仍然有意地無視實質的風險。所謂的輕率行為，可能是父母喝醉酒還開車載小孩，或父母載小孩一起去買毒品，或父母的癮頭讓孩子處於風險之中，譬如自己醉倒而忘了關家電、用過的針頭或毒品沒收起來。輕率行為會讓孩子感到難以安心，時時曝露在危害之中。

　　阿米爾（Amir）之所以來到諮商室，是因為他花錢花得太失控。他跟我說，自己的衣服鞋子總是要買名牌，常花大把鈔票旅行住飯店，也愛讓自己和朋友享受奢華體驗。他賺很多錢，但他也透露，自己把錢全都花光了。想到自己四十九歲卻無積蓄，他覺得很丟臉。

　　「真的一無所有，我沒有存下任何錢，錢一進來就出去了。因為我花錢如流水，所以能維持一定的形象。大家可能以為我生活富裕，但是並不是事實。我沒有累積任何財富，我的錢是大筆大筆地賺、大手大腳地花，花錢根本像另一分工作，有夠可悲。」

　　阿米爾受夠自己了。他過去長年來揮霍無度，有分穩定的工作做了近二十年，但個人的理財能力卻十分低落。他沒有任何資產，甚至開始負債。

　　「我需要你幫幫我，我為什麼要這樣啊？」他問。

　　這並不是勉強糊口、靠著薪水度日的個案。阿米爾的收入優渥，卻在替一個可怕的未來鋪路，壓力根本是自找的。他有意地無視花光收入伴隨的風險，這分明是輕率的行為。我好奇，這些不可靠行為的背後是否存在安全感創傷。

　　我們深入探討他的童年時，阿米爾才告訴我，他父親以前常常亂發脾氣。我問起詳細的來龍去脈，他說每次都是他父親開車載他才會發生。

　　「以前大家都以為我爸是個溫和的大塊頭，但是只要我和他在車裡獨處的時候，他就會忽然暴怒、開車開得飛快，而且是速限五十多公里的路段，開到速限一百三十～一百四十公里。然後，他會猛踩剎車，然後再飆車。我都要苦苦哀求他停下來，還邊哭邊跟他說我很害怕，但是沒有用，他就是要我害怕、就是要我擔心人身安全。他很喜歡主控權，我想不透為什麼。他每天都會接我放學，因為我媽不會開車。他只要生氣就會飆車，生氣的對象不見得是我，可能是我媽、鄰居、兄弟，對象無所謂。」

　　阿米爾跟我傾訴這件事時，整個人呼吸急促，回想這些往事確實讓人難受，但他還沒說完。「為什麼他會覺得我的生命無所謂啊？」他不可置信地大喊，「我和他可能會被害死，或是我受重傷，為什麼他可以無所謂啊？」

　　阿米爾父親的輕率行為，造成內心的安全感創傷。對你來

說，也許是父母把上膛的槍枝擺在你拿得到的地方，或把毒品留在你可以使用的桌子上。在我們持續晤談的過程中，阿米爾開始發現，他把父親的輕率行為也帶入自己的生活當中，只是看起來有些不同。阿米爾先前認為，他的生命對父親來說不重要，對沒有介入的母親來說也不重要。「如果我的生命對他們都不重要，那對我又有什麼意義呢？」

阿米爾開始輕率地過活。他在二十多歲時，很喜歡參加極限運動、日日狂歡，參與許多體能冒險，但他都說自己是腎上腺素上癮，藉此把自己的行為正當化。隨著年齡的增長，他找到了全新的冒險方式，那就是花錢如流水。但始終不變的是，他一直以來從父母身上得到的感受都是「你的安全並不重要」。阿米爾並不知道如何關愛自己，也不知道如何告訴自己，他的生命、他的福祉、他當前與未來的安全都是優先要務。

過去讓你覺得自己的安全不是要務時，一下子要重視起內在的安全並不容易。而當安全感原生創傷是父母所造成，調整起來就會格外困難。

你能否回顧一下童年，看看家中是否有人曾輕率地對待你？我們來共同探討一下。

- ◆ 曾輕率對待我的人是 _____ 。
- ◆ 對於這段經驗，我的記憶是 _____ 。
- ◆ 這段經驗對我現在的影響是 _____ 。

解離

解離是指精神上與自己的身體和念頭分離，通常會被描述成完全與自我分離的經驗，好像腦袋被轉移到別的地方，只是身體仍然在你面前。

儘管也有適應良好的解離經驗，但適應不良的解離經驗會把你與自己分離。《心靈的傷，身體會記住》（*The Body Keeps the Score*）一書作者貝塞爾・范德寇（Bessel van der Kolk）博士把解離形容為「同時知道又不知道」的過程。解離可能是針對未觸碰創傷的因應方式，如果你遇過處於解離狀態的人，就會知道這是多可怕的經驗，對於搞不清楚狀況的小孩更是如此。

小孩可能因為父母看起來心不在焉而擔心，可能不明白父母為何記不住重要細節而害怕；如果父母在對話、開車或煮飯到一半時解離，小孩也可能對自身安全感到焦慮。

我的個案東尼（Tony）曾告訴我，他很難親近別人。他單身一輩子了，對於約會感到抗拒。他的朋友鼓勵他去接受諮商以釐清原因。我們花了點時間，認識他的原生家庭與成長的過程。經過幾次晤談後，東尼告訴我，他父親以前對母親會暴力相向。家暴剛開始時，東尼大約九歲，後來一再發生。雖然東尼從未親眼目睹家暴，但他看到母親像是只剩空殼的樣子。

「她好像在那裡，但她又不在。就好像她在遠處，但沒有辦法把她帶回來。在這一切之前，她是我可以要求的最好的母親。」看著她慢慢惡化，東尼覺得好可怕。他在那個家中從來沒有感到安全過，擔心有天父親也會對他動手。

東尼哀求父親停手，但直到他長大、強壯到足以與父親對抗時，他才能結束這一切。「我把他打昏過去了，他就再也沒碰過她了。」

東尼很開心家暴停止了，但這並沒有讓母親回來；她依然是個空殼。這實在是重大的傷痛。他當時真的很需要母親，所以很氣父親，不僅奪走了母親以前的性格，還一併從東尼身邊奪走了曾如此愛護和關心自己的母親。

東尼害怕感情中的愛和連結終究會消逝。對他來說，感情讓人缺乏安全感，對方只會抽離、人在心不在。他選擇徹底斷絕與約會與愛情，也不想要冒著再度經歷傷痛的風險。東尼害怕失去身邊的人，也害怕得到愛後被硬生生奪走。往事的不可承受之重已讓他難以消化，所以他對於愛百般逃避。這個回顧是股強大的力量，是我們療癒工作的起點，東尼就此踏上療癒安全感創傷之旅，設法重拾內心的安全感，才能在自己的人生中，騰出愛的空間。

現在，你可以回顧自己的童年，是否覺得家中有人曾解離呢？這個經驗對你內心的安全感有什麼影響？

◆ 小時候，我家裡處於解離狀態的人是 ＿＿＿＿。
◆ 我現在對於這段經驗的記憶是 ＿＿＿＿。
◆ 我當時覺得這段經驗可怕的地方是 ＿＿＿＿。
◆ 這段經驗對我現在的影響是 ＿＿＿＿。

童年的陰影

許多安全感創傷源自受虐的情況。父母、繼父母、照顧者、成年人或兄姊可能會展現輕率、霸道、忽視或暴力的言行，有時顯而易見，有時難以察覺。但我必須坦承，即使沒有權力、控制、輕率、忽視或剝削發生，安全感創傷依然可能在家中浮現。

有時父母其實也已盡力了，但仍然有明顯的安全感匱乏，像是父母財務困窘到小孩心知肚明。小孩的基本需求可能已滿足了，但依舊可能會擔心父母的福祉。經歷父母離異的小孩，即使父母雙方也盡了全力共同撫養，仍然可能不敢說自己在父親家或母親家玩得很開心。有時，安全感創傷之所以出現，是因為發生了無法想像的事，例如失去父親或母親，讓小孩對其他最糟情況心生恐懼（像是剩下的照顧者也可能會死）。

前文的例子是要說明，有些情況並沒有涉及權力或控制的因素。父母這樣與小孩互動並不是為了私利，可能什麼都做對了，但仍然出現缺乏安全感的創傷。

阿莉雅（Aaliyah）的安全感創傷源自小時候的某天晚上。她父母出去吃晚餐，把她留給阿嬤照顧，但阿嬤卻忽然嚴重中風。阿莉雅說，當時自己只有九歲，但仍然抱著阿嬤的頭部、設法讓她穩定下來，然後打電話叫救護車，等急救人員到場後從旁協助。阿嬤後來康復了，但這起意外太過可怕又震撼，讓阿莉雅再也不想獨自一人在家。

阿莉雅長大成人後，成功地避開了獨自生活。她身邊從來就不缺伴侶，我的意思是接連的交往關係，不同伴侶之間無縫接

軌。她對此並不覺得意，但只要跟一個男人感情快告吹時，她就會跟另一個男人開始曖昧（她的「備胎」），這樣就可以剛好轉換到同居。儘管她的感情史豐富，她卻說自己從沒有真正喜歡過別人，還說她深深以感情中的行為為恥。但問題是，為何如此？

我們進一步探討後，阿莉雅開始明白，她童年目睹阿嬤中風造成的安全感創傷，讓她把同居看得比情感連結更重要。這個衝動把她推入了一段又一段的感情，她對於伴侶的期待、渴望或在乎都無關緊要，重點是「確認交往」，再快速進入同居的狀態。她從來沒有放慢腳步，也沒思考過自己在伴侶關係中看重的事。她勉強自己待在不適合的感情中，只是為了逃避一個人住。

我記得，我們回溯安全感創傷的源頭後，她驚訝到下巴都快掉下來了。她恍然大悟，一切都改變了。這個慣性本身並非老是做出輕率的決定，她的行為實際上是在為自己找到安全感。如果她的男友隨傳隨到，她就不必獨自面對童年阿嬤中風這類可怕的窘境了。她原本的自我批評變成了自我憐憫，重拾了人生的自主權。

從小到大，你是否有缺乏安全感的經驗，但無關乎被控制或上對下的權力關係？是否發生過什麼事，你知道不是任何人的錯，但仍然讓你缺乏安全感？

◆ 在成長過程中發生過一件事，不是任何人的錯但我很害怕，這件事是 ＿＿＿＿。
◆ 這對我人生造成的影響是 ＿＿＿＿。

◆ 這對於現今帶來的阻礙是 ＿＿＿＿ 。

因應安全感創傷

　　生活在缺乏安全感的家庭環境中，你會覺得自己某部分被挖空，這足以改變你，但你在成長過程中因應的方式，不見得就是你現今的生活方式。

　　當然，這個世界很可怕，不是你認識的每個人都善良。但療癒工作的一部分，就是要能分辨出哪些人是威脅、哪些人不是威脅，這是你可以強化的能力。我知道有些人確實會帶給你痛苦，但也有些人想成為你的避風港和安全堡壘。我知道這付出信任也許很不容易，但我們可以設法朝著那個方向邁出一小步。

活在恐懼之中

　　許多孩子活在恐懼之中。有些人活在人身安全的恐懼中，而另一些人活在讓父母失望的恐懼中。他們不敢跟照顧者訴說自己的情緒，擔心會因此受到責罵，他們也不敢立下界線，深怕被嘲笑和羞辱。在不安全的家庭環境中，活在恐懼中可能代表你害怕別人的反應、回應、評價、羞辱、嘲笑和欺凌你。

　　這可能會讓很多感受浮上台面。也許，你曾思考過自己如何在恐懼中慢慢長大，但我遇到宮子（Miyako）和小金（Jin）時，他們都沒有想過，甚至不曉得要看看自己的原生創傷。

　　宮子和小金都是三十五歲左右，兩人當時在一起四年了，宮

子很想要訂婚，但小金卻覺得宮子不斷下最後通牒，因此非常厭煩。我覺得，宮子的催促似乎造成了反效果。然而，宮子並不認為自己在下最後通牒，而是覺得自己在立下界線。他們倆都想要有小孩，彼此也相愛，他們對於人生的願景相似，但如果小金不打算陪她邁向下一個階段，她覺得需要自己啟程了。

我很快發覺，宮子傳達了這個最後通牒／界線整整一年了，光是那年就給出了五個期限：情人節、女方生日、男方生日、兩人巴黎之旅（她夢想小金能在艾菲爾鐵塔前向她求婚），還有感恩節。每次都落空，小金沒有求婚。這對宮子來說是很大的打擊，她都會收拾行李、去朋友家住幾個晚上、開始找新公寓、跟小金談分手，但最終她都忍不住回頭，想再試試看。這次，她說絕對是最後一次了。

我不久後得知，宮子大約在一年前丟了飯碗。她說，這件事帶來很大的煎熬，那是她夢寐以求的工作，她之所以被解雇是因為表現沒有達到公司的期望。這對宮子來說，毋寧是重大的打擊。她覺得自己好丟臉，瞞著所有人，只有小金知道。她沒有開始找新工作，而且維持了整整一年，假裝自己還在同一家公司。但關起門來，她其實過得很辛苦。每天晚上小金下班回家，她都會對小金哭訴，尋求情感上的支持，幾乎每晚都需要小金的肯定與鼓勵。

「小金，這對你造成什麼影響呢？」我問。

「我很樂意支持她啊。我們難免都會遇到難關嘛，但是到現在已經有一段時間了。她要待業多久？還要假裝多久？這也讓我的處境很尷尬啊，因為我要幫她維持形象，假裝她還在那家公司

工作。」

宮子迅速回答:「所以你才不想跟我結婚嗎?所以你才逃避訂婚嗎?」

小金在當下沒有找到答案,但他知道,自己對於婚姻還不是很確定。他對宮子待業的狀態感到壓力很大,最後也承認自己晚上會刻意晚回家。「每天晚上回到家聽同樣的東西,我覺得太難受了。你很辛苦,我懂,但是你沒有去尋求協助,也沒有採取任何行動。你單純要我幫忙,但是我累了,筋疲力盡,這也確實會讓我產生憂慮。」

我明白了,小金對扮演精神上支持的角色有了反感。我問起他的父母關係如何時,他小心翼翼地回答說父母相敬如賓,兩人並不相愛,只是共同生活著,不過問彼此太多事,但他們會照顧好小金和妹妹。我繼續問小金,他母親是怎樣的人。

「她很安靜,但是真的很努力,教會我什麼是良好的職業道德。」

宮子小聲插嘴說:「你能跟她說自殺的事嗎?」

我靜靜地陪他們坐著,不發一語,等待小金決定是否準備跟我分享家中私事。

小金抬頭看著我,想在我臉上找到安全感。我微笑著點了點頭,意思是無論他想分享什麼,我都可以接住他。

「我十三歲的時候,我媽第一次揚言要自殺。她當時的身體狀況不好,不滿意自己的生活,也不滿意她和我爸的關係。但是我一進入青春期,她就開始跟我分享一些不太妥當的事情。我覺得,她大概以為我是青少年了,代表不再是小孩之類的吧,所

以她會一股腦地把好多事情說給我聽，因為她覺得我有辦法消化。」他停頓了一下，設法穩定情緒。

「反正就是她經常說想要自殺，頻率大概是每隔幾個禮拜就說一次，而且她不僅僅是在腦袋裡想而已。她只要心情不好，就會跟我說自殺的念頭，然後跟我說再見。我聽了都會大哭大叫、拜託她不要死，陪在她旁邊以確保她不會真的傷害自己。她從來沒有真的行動，連一次也沒有真的試過，但是這麼多年來，她卻一而再、再而三地把自殺掛在嘴邊。」

我看到宮子把小金的握得更緊了。他低下頭，哭了起來。

「你那時候一定覺得很害怕吧，小金。這樣真的很可怕，你長期擔心母親的生命安全，每次還要背負救她的責任。」

他點了點頭。

對小金來說，家不是一個安全的環境，而是他必須超齡承擔起照顧母親責任的環境。他不得不時時刻刻保持高度警覺，在母親需要他時隨時待命。如果你曾看著自己愛的人承受巨大的痛苦，就會知道親眼目睹有多麼可怕。小金深愛著自己的母親，希望她能好好的，但他理應不該成為照顧者的角色。小金小時候活在恐懼之中，沒有人知道這件事，他既又害怕又不敢對別人說出口。

我們沉默了一段時間，承認了諮商室內充斥著赤裸的感受，然後討論小金離開晤談後需要的協助。小金剛剛說出了安全感創傷，開始意識到自己過去在家裡的不安全。他無法相信父親會介入並承擔部分責任，他也不相信母親能獲得必要的支持和照顧來保障她的生命安全。而一再出現的自殺陰影，讓小金產生了深深

的恐懼，擔心他母親會傷害自己，屆時會因為無法阻止母親而覺得難辭其咎。小金經歷的是自己從未完全認知到的精神虐待，正巧說明了他為何無法向小宮求婚和結婚。

儘管宮子和小金的母親不同，但她們有些共通特質。小金害怕成為宮子生活中唯一的精神支柱，如同他是母親的精神支柱。他也擔心宮子得不到需要的協助和支持來度過難關，畢竟這類經驗他再熟悉不過了。

你的家庭環境要你時時留心自己或他人時，就幾乎不可能感到安全。你會發現，自己很難感受到輕鬆、平靜、喜悅或愉快。你不是預料有事發生、就是開啟保護模式，兩者都無法讓你休息、恢復、放鬆或自由，反而會讓你保持高度警戒，等待下一個威脅向你逼近，也許威脅的訊號是啤酒罐被打開，或你母親去上夜班、把你留在家裡和有暴力傾向的繼父獨處；也許是你在樓下聽到大吼大叫、或你父親挑了一下眉頭。什麼原因讓本來安全的家變得不安全呢？

家理應是你可以休息的地方，理應是你可以卸下武裝、重整旗鼓、好好充電的地方。但對很多人來說，家並不是休息的地方，對於有安全感創傷的大人小孩來說，家是讓他們最害怕、最孤獨的地方。

封閉自我

舉凡言詞威脅、無處宣洩的憤怒、莫須有的指責、刻薄評論和引發焦慮的經驗等，都是許多小孩希望擺脫或忽略的事，但這些都可能造成極大的煎熬和不舒服，讓家庭環境不再安全。

也許，你父母老愛對你的外表穿著指手畫腳，讓你感到非常不自在，所以乾脆開始穿寬鬆衣物來遮住全身。也許，你父母三天兩頭就吵架，各種吼叫聲響讓你在家中無法覺得安全。也許，你父母凡事都容易恐慌，讓你覺得壞事即將發生。

這些經驗會剝奪你的內在空間，難以好好生存、感受、表達和流露情感。你的回應往往是封閉自我，而不是敞開面對你感受到的傷痛。

我記得剛開始諮商時，艾麗（Ally）坐在沙發上說：「時間差不多了。」

「什麼時間差不多了？」我問。

「我需要學會跟別人說我的感受，這對我來說太難了，但是如果我不搞清楚怎麼說，我再也別想留住另一半。」

艾麗是二十五歲的專業人士，住在紐約市。她女友剛剛跟她分手，但這次分手與其說是單一事件，不如說更像固定模式。艾麗坦承，她這輩子從沒主動跟別人提過分手。「大家最後都會離開我，每次離開我的人都說，我不夠袒露自己的脆弱面。」

我看得出來，艾麗很受不了這句話。她同意了眾前任的回饋，但覺得不中聽。

「他們的回饋哪個部分你最不舒服呢？」我問。

「大概是因為，意思是我必須要展現脆弱面，對吧？如果別人是因為我不分享自己的內心世界才離開我，那我也許要開始試試看了。」

「說得沒錯，」我說，「但是我在想，與其強迫自己變得脆弱，我們是不是應該更好奇，為什麼展現脆弱面對你來說很難

呢？」

　　艾麗的抗拒就是我們的明燈，暗示這附近藏有創傷，我們需要共同探索一下。

　　「我說『脆弱』的時候，你先想到的是什麼？」我問。

　　「分享自己的感受？」她試探地回答。

　　「太好了，」我說，「那你能告訴我，從小到大與家人分享感受的經驗嗎？」

　　艾麗向我表示，她覺得脆弱讓人沒有安全感。她困擾很久了，儘管前女友們都給了相同的回饋，但她仍然很難克服內心不願分享的部分自我。封閉自我和拒絕分享感受，讓她可以不受某個東西傷害，只是這本身也造就不安全：感情告吹。無論那個東西為何，肯定比維繫感情更重要或更強大。她全面啟動了自我保護模式，而我知道事出有因。

　　艾麗最終跟我分享了一件讓人心碎的往事。「我十二歲或十三歲的時候，我記得是一切的開始。我們全家坐下吃晚餐，就是我和爸媽，我爸會問我在學校過得怎麼樣，或者問我生活的大小事。有一天，我準備要回答問題的時候，我媽好像忽然理智斷線，對我大聲尖叫後說：『不要跟我老公打情罵俏！』然後她站起來，氣沖沖地走開了。我和我爸面面相覷，對剛才的事情一頭霧水，太扯了。我知道我爸跟她聊過這件事，但是我媽從來都沒道過歉，也沒有承認自己做過這件事情。類似的情況持續了好幾個星期。每天吃晚餐的時候，我媽都會低聲地對我評頭論足。只要我爸問我問題或是對我的生活展現一絲好奇，她就會說出惡毒的評論，或者說不敢相信我會喜歡我爸。」

　　這個故事聽在耳裡，心痛到讓人難以置信，也讓人深感擔憂。嚴格來說，艾麗的母親當時精神病發作，分不清現實與夢境。儘管艾麗和她父親知道有些不對勁，但精神障礙的嚴重程度卻懸而未決。

　　我問艾麗是否知道母親的過往。她說，母親在青少年時期曾被性侵，這件事從來都沒有好好處理。「我知道我媽從來沒有釋懷，她只是閉口不提、不去好好消化。這真的很可怕，我難以想像她的遭遇，但是她的痛苦和創傷就這樣倒在我身上，這是不對的啊。」

　　因為艾麗的母親是十三歲時遭到性侵，所以艾麗長到了同樣的年紀時，她母親似乎就變得草本皆兵，刻意尋找任何不當行為的蛛絲馬跡，彷彿是她對那段往事的指控。我們沒有找艾麗的母親一起接受諮商，但我們懷疑她也許把自責投射到艾麗身上了。艾麗的母親覺得性侵一事自己有責任嗎？她是否因為自身的創傷沒有癒合，就把沒發生過的事怪罪到艾麗身上？這些都是艾麗思考的問題。

　　由此可見，傷痛可能會代代相傳，放著不管的精神健康問題，可能會對家庭造成嚴重的傷害。儘管在艾麗自己沒有遭遇性侵，但她母親曾被性侵的陰影仍然籠罩著全家，讓艾麗感到不安全。艾麗母親的憤怒、懸而未決的創傷，以及對艾麗莫名的指控在家中無所不在。即使在母親停止指控後，艾麗後來也不再周旋了。「我掰出各式各樣的理由，想盡辦法不要他們一起吃飯、盡可能離家遠遠的。我可以感覺到她的眼神，也可以感到她的怒火。我爸只會袖手旁觀，只會叫我不要擔心。所以，我學會乖乖

閉上嘴巴。我當時真的不懂我媽幹嘛那麼恨我。後來，我更了解她的過去，有些事情才說得通。」

艾麗搖了搖頭，接著說：「這就是為什麼你覺得我很難展現脆弱面嗎？」

這個故事聽了讓人難受，我腦海中浮現一個年輕女孩，不得不對抗和躲避那些情緒勒索的子彈。但艾麗發現她的原生創傷時，我忍不住笑著說：「艾麗，我覺得你是靠自己把各種線索連起來的耶。」

當時，艾麗沒有餘地可以做自己、分享她一天的活動、或跟父母進行一般正常的親子對話。她很快發覺，敞開心房、大方分享並不安全的，因為母親每天對她言語攻擊。艾麗明白，安全感等於封閉自我、分散注意力、保持忙碌，盡量不跟父母聯絡。她變得過度防備，絕對不正眼看父親，也絕對不在全家出遊等活動時坐在他旁邊，只要母親在旁邊就絕對不問他問題。艾麗當時找到了秘訣來保護自己，但這意謂著她必須保持安靜、封閉自我，也不能分享任何事。

當然，就像我所有個案一樣，艾麗有自己獨特的個人生命經驗。你的父母也許不像艾麗的母親經歷過同樣的創傷，也沒有以相同的方式轉移傷痛；但你的父母也許沒辦法處理你傷心或哭泣的情境，也許只要你不是父母心目中的「完美小孩」，他們就會有強烈的情緒反應，也許你父母會強迫你遵循相同的信仰，或要求你打扮成特定樣子、留特定髮型才會關心你，也許你父母會一再要你去多學學兄弟姐妹。

難怪小孩常常乾脆閉口不談，或覺得完全傾訴內心話並不安

全。難怪這些小孩長大成人後難以敞開心房，或反而說太多自己
的事給不熟的人聽。

　　如果你很難敞開心房、對人傾訴自己的事，也許可以思考是
否有安全感創傷作祟。花點時間來關注你的故事和人生。如果你
跟別人分享想法、情緒和感受，你認為會發生什麼事？你只願意
分享特定事物，否則就會不舒服嗎？你是否不太敢反對別人或表
達不同意見？如果你回首過去，是否能在原生家庭中找到限制你
言論自由的人事物嗎？

　　艾麗明白，自己的安全感創傷讓她無法向生命中重要親友
敞開心房。這個過去的創傷剝奪了她在人際關係中渴望得到的連
結、存在感、承諾與喜悅，你也有類似的生命經驗。你在確保自
己安全的同時，是否也會遠離那些關心你、愛你、願意傾聽你的
生命和內心世界的人呢？

療癒安全感創傷

　　當童年的你無法相信別人會重視你的安全，你為了生存下
去，就會以自己需要的方式去調適。難怪有安全感創傷的小孩長
大成人後，經常就難以信任別人、信任自己，或辛苦地為自己打
造某種安全感，但這很容易阻礙他們想獲得的連結與親密感。

　　阿米爾、東尼、阿莉雅、宮子、小金和艾麗都付出了最大
的努力，但他們為自己打造安全感的方式，卻也讓他們在生活中
與人脫節。你不惜一切代價在保護傷口時，反而會讓傷口無法癒
合。保護自我通常會犧牲人生中其他重要目標，伴侶關係、連結

與親密感。

　　療癒安全感創傷十分複雜。正如你至今所讀的章節，部分的療癒需要你去分享自己的生命故事，這是本書中每個人都採取的方式。但分享生命故事之餘，分享者和傾聽者之間也必須建立信任感，這就是為何諮商是很美好的起點，個案和心理師之間有著神聖的關係。這也是為何許多擁有可怕經驗的個案，選擇從諮商開始，練習敞開心房、分享自己的故事，讓另一個人看見和肯定。

　　就在這樣的經驗中，你可能就會開始感受到何謂真正的安全感，正如亞歷珊卓・索羅門博士所說：「遺憾的是，我們的創傷和天賦形影不離。」換句話說，如果你要開始療癒創傷，你一定要下定決心去信任別人，但偏偏當初你就是無法感到安全才會失去信任感。這個決定既大膽也很勇敢。

　　阿米爾、東尼、阿莉雅、宮子、小金和艾麗都有共通之處。他們與我都有足夠安全的關係，才能讓他們願意說出自己的故事。宮子和小金也有彼此，充滿愛的關係動力可以存在於伴侶之間、諮商室內，或友情之中，這是一股無比強大的療癒力量。這個工作可能很難獨自完成，這就是為何我會鼓勵以關係為本的療癒過程。

　　如果你在找的是可以獨自完成的療癒，我會鼓勵你試看看正念練習，下文就列舉了一個練習。凡是想為自己打造安全感，你常常會必須向身體「示範」何謂安全，而不是只用頭腦去「思考」安全的定義，或設法「告訴」自己何謂安全。心理學家凱瑟琳・庫克－科頓（Catherine Cook-Cottone）提出了「具體化自我調

節」（embodied self-regulation）這個概念，意思是透過正念練習來調節自我與情緒，而不僅僅是用腦袋來消化而已，這能幫助你感受何時可以相信自己安全無虞。

在此我要註明一下，假如你確實有創傷，正念練習會讓你覺得特別困難和不舒服。請記得這其實很常見，不必強迫自己，好好傾聽你的身體。重要的是，你在療癒安全感創傷時，必須慢慢地建立所需的安全感，同時配合研究創傷的專業人士。我很喜歡嘉柏・麥特醫師針對創傷的定義：「創傷不是你外在發生的事，而是外在事件促使你內在發生的事。」

與自己和他人建立連結本身，就是屬於療癒的過程。寫下重拾安全感的生命故事，想必是很深刻的體驗；而在你自己身上找到安全感、與在你選擇的關係中發現安全感，同樣也是很美妙的體驗。這個目標絕對值得努力，而你也會一次又一次重溫這個美好的練習。

原生療癒練習

你在前面章節中學會的原生療癒練習同樣適用：命名、看見、悲傷和轉向全新行為。但假如你的創傷還隱隱作痛，那請你先好好照顧自己。你可能想要先完全跳過原生療癒練習，或找到熟悉創傷的諮商師再開始，這樣就可以獲得適當的照顧和支持。

接下來是一個引導式冥想，目的是協助你覺察身體裡的安全感。

引導式冥想

這個練習是要讓你試著覺察身體裡的安全感,而不去努力思考安全的定義。

在家裡找個舒適、安靜的地方,最好能保有個人隱私,輕鬆地坐著。一般我會建議你閉上眼睛,但如果你覺得張開眼睛比較安全,那就張開眼睛吧。脊椎保持挺直,身體正面保持柔軟與開放。感受背部的支撐和正面的柔軟。

現在,觀察你的呼吸。留意空氣進入身體、再從身體出來,不必去控制呼吸,單純去觀察吸吐的起伏就好。再來,把你的注意力放在眉毛和眼瞼上,想像它們愈來愈軟,然後感受臉部肌肉逐漸放鬆、逐漸柔和,每吸一口氣,就愈來愈輕柔。留意一下,這個感受就能連結到安全感。

現在,把你的覺知帶到身體更深處、一路來到胸部,與你的心頭同步,也就是心臟上半部的位置,留意此處的空間與舒適感。感受心頭的力量和安全感,讓它成為你胸口的避風港。接下來,讓這股心頭的安全感漸漸擴大,在你的胸口占據更多空間,帶來更深層的自在、安全與寧靜感。

你持續觀察呼吸,讓意識更深入身體裡面,進入你的腹部,讓覺知停留在橫膈膜上,也就是腹部與肋骨交會的地方。在此與呼吸同步,感受你身體和整個人核心的力量。每吸一口氣,力量就慢慢膨脹、占據更多空間。讓自己連結到身體的核心,每吸一口氣,就感受到內在力量帶來的安全感,保持與這股力量的連結,從中找到自在和安全感。維持自然呼吸,靜靜安住當下。

　　最後，讓意識和呼吸更加深入你的身體，來到你的骨盆底部休息。感受根植於身體底部的接地力量和內在安全感。連結到骨盆底部的空間，然後稍微放慢呼吸，讓吸氣自然地深入身體，然後再自然地吐氣。此刻，想像你的身體底部連結到下面的座位，再向下到地面，然後進入地面下的土壤。自然呼吸，讓安全感在全身上下流動、然後穿越你的身體。感受你的身體接地、你核心的力量，以及你心胸的開闊，讓身體充滿力量和輕鬆。接下來吸氣時，想像安全感慢慢移動、擴展到你的全身，進入通常你會覺得不安全、緊張、不自在的部位，或是常常出現恐懼的部位。讓你身體中心的這股安全感向外擴散、占據更多的空間，感受吸進的空氣來到你的手臂、手腕和手掌，沿著你的大腿、膝蓋、小腿和雙腳向下移動，一直到你的腳趾，再慢慢向上回到頭頂。讓這股深層又篤定的安全感傳遍全身，讓這個強烈的感覺和感受，不論在哪個部位，都深深烙印在身體的記憶裡，以後只要你需要，都可以隨時回來。

　　在這股安全感，讓自己放鬆片刻，單純享受吸氣與呼氣，享受力量與柔軟。當你準備好了，再把意識慢慢帶回當下的環境，保持與身體安全感與體驗的內在連結。

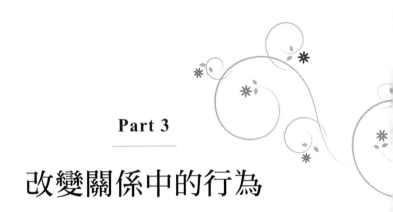

Part 3

改變關係中的行為

8

❧

處理衝突

　　你的每個創傷都蘊藏著大量資訊。在前幾章中，我們非常努力地從創傷抽絲剝繭。檢視過去的生命經驗，希望為現在的生活產生洞見，這個過程雖然痛苦，但能帶來力量。不過，值得期待的是，你可以在當前與未來的關係中實踐所學，最終擁抱更加健康、更讓人滿意的行為。

　　而好不容易認識自我後，最佳的落實方式莫過於用來檢視衝突。衝突是所有人際往來無法避免的事，我們對於自身行為原本良善的念頭，往往在衝突中漸漸弱化。

　　我們都會陷入衝突中，那為何衝突充滿了危險呢？首先，大部分的人長大的過程中，沒有健全的衝突模式當榜樣。如果你從小到大的經驗是衝突會帶來控制、有條件的愛、虐待、分心、不耐與羞恥，很可能沒有學過建設性的方法來消弭分歧。這個意思是你在面對衝突時，不健全的行為往往變成慣性的回應方式。也許你會模仿自己眼前所見，或不惜代價設法避免衝突，導致一連串你可能想都沒想過的問題。

　　然而，我知道這聽起來很奇怪，但衝突其實也是嘗試要連

結，雖然是很糟糕的作法，但仍然是一種嘗試。想想看，為何你會一而再、再而三為相同原因吵架。你希望會發生什麼事？你想要吵完架後與對方更加疏遠嗎？你期待自己在事後會更難過嗎？當然不是。你希望的是對方好好聽見你說話，也終於能理解你一直努力要傳達的心聲，然後覺察到你忍受的傷痛，進而做出必要的改變。

說也奇怪，衝突可能會打開連結、親密感和原生創傷療癒的大門，關鍵在於我們要學習如何適當應對衝突，也許是正視被揭開的創傷，或一開始就避免喚起創傷。我們需要參與的是「建設性的衝突」（constructive conflict）。

建設性的衝突指的是，你與對方一來一往時，清楚知道目標是要對方看見、聽見或理解自己，同時也設法看見、聽見或理解對方。你連結自己真正的情感需求，清楚界定衝突後想要達成的結果。

不妨這樣思考：製造衝突通常是要設法拉近彼此的差距。至於你是拉近或推遠，取決於你進入衝突的起心動念。

帶著意識地進入衝突確實知易行難。我時時刻刻都在練習，但有時還是把所有工具都拋諸腦後，回到證明自己沒錯、加倍強勢的慣性。我之所以分享這件事，是因為你的目標不必完美，而是要每次陷入衝突時多點覺察。你依然有血有肉，依然會有東西觸發你的情緒。建立務實的期待，才是成長的重要課題。

我們來進一步檢視如何實現這類療癒，這確實不無可能。

我想要有人看見、聽見和理解

除了無法感受同理心的人之外，我認識的所有人幾乎都希望有人看見自己、聽見自己和理解自己。但這些期待落空時，衝突就很容易發生。

受到理解的核心是感覺別人深刻懂你。如果你感受過別人理解你，很可能是因為對方真正對你產生好奇，也很有興趣聽你說話。大部分的人都會因此而覺得自己很重要、有價值、被重視又有安全感。對方也許是十分專注、懂得追問、放下戒心、沒有情緒反彈，重述你說過的話。這是相當美好又深刻的經驗。但假如你對這樣的經驗很陌生，也許會想起過去種種不被理解的時刻，思考其中哪些對你的影響最大。

在長大的過程中，也許有很多原因讓你覺得沒人理解自己。父母也許曾對你說出傷人的成見、對你的生活漠不關心，或在你說話時忽視你；父母可能曾直接否定你，或對你說小孩就是要乖乖聽話、不要多嘴，也可能因為你們的分歧而出言批評，而不是花時間認識真正的你、了解你的夢想；父母也許在你表達自己的想法時，立刻就起了戒心，把你的感受當成你的問題，怪罪你難搞或搞砸氣氛。

我的個案卡莉（Carly）說，她父母認定她和姊姊們一樣外向，於是常常逼她要多學學姊姊們。她說：「我都說自己很內向又極度敏感了，他們就是聽不進去。我都說破嘴了，他們還是當成耳邊風。」

當然，父母的判斷不時會失準，這是人之常情。他們無法

完全看見、聽見和理解所有東西，也可能會說錯話或無法共感你分享的事。然而，父母表現憂慮、差異和期待的方式會造成很大的不同。他們不見得要同意你的行為，但你仍然可能覺得他們看見、聽見也理解自己；他們不見得支持你的決定，但也許會理解你的動機；他們不見得贊同你選擇的生活方式，但仍然願意好好聽你說完，進而接納你的決定。

但父母有時真的做錯事，像是凡事把自己擺第一，導致無法看見、聽見或理解自己的小孩。父母有自己的創傷和缺點，只要放著不去處理，終究會把傷痛傳給我們。如果衝突是個轉機，可以帶來連結、親密感和療癒，那我們就必須理解，當前自己與衝突的關係，其實是建立在創傷的基礎之上。

簡單來說，我們的創傷與我們處理衝突、製造衝突的方式大幅相關。

衝突的源頭

引發衝突的方式千變萬化。想想過去那些讓你不開心或情緒反應激烈的衝突，你也許可以想到許多例子，可能是遭受批評、憂慮遭到嗤之以鼻、被人控制或瞧不起等。

你是否曾發現，上述例子都著重於「對方」做了什麼事？起初很容易就會這樣解讀，但事實上，衝突可能也是由「你」所引發。衝突之所以發生不見得是身邊的人做了不太好的事，有時衝突是因為「你自己」回應衝突的方式不健康。雖然實話不太中聽，但我知道你在讀到這裡了，一定會好好努力。

　　無論你參與衝突是要回應別人的激烈反應，或你自己就是挑起衝突的人，你的情緒反應都控制了你，一不小心就會很快讓對話針鋒相對。這往往是創傷在衝突之初就被觸發的結果。下文會進一步說明，如果你「先」照顧創傷，承認創傷背後的情感需求，你就可以開始脫離慣性的情緒反彈，轉向真正讓人看見、聽見和理解。

　　但我們一開始要看看衝突被挑起的方式，了解我們在情緒反彈下讓自己失序的慣性。下文內容是脫胎於約翰‧高特曼（John Gottman）博士提出的「末日四騎士」（The Four Horsemen of the Apocalypse）溝通模式，以及他所謂摧毀關係的四大指標。在以下五大情境中，你很可能會看到自己的影子，所以做好心理準備、善待自己，允許需要揭露的內在可以顯露出來。

放下批評心態

　　「我不知道我們能不能度過這一關，目前真的是走不下去。」薇若妮卡有天滿懷挫折地來到諮商室，擔心剛在一起的男友會結束兩人的感情。

　　「你評評理，我只是請他幫忙很簡單的小事情，他就小題大作到不行。像是昨天，我叫他來我家路上順便買晚餐，然後又打給他，問他能不能順便到超商買一些我今天早上會用到的東西，又不是什麼大忙，大概就四樣東西而已，讓我今天可以舒服地吃個早餐、喝個咖啡。」

　　薇若妮卡對於男友的要求，其實是在設法讓他證明自己有價值，這個心態就像是「如果他會順路幫我去買其他東西，這就

代表我很有價值、重要到他會聽我的話。」這會強化「我很有價值」的信念。

但薇若妮卡感受到男友抗拒、不甘願或設下界線時，就會露出她的自我價值創傷。

她曾跟我抱怨說：「他都說自己工作了一整天很累，外帶晚餐後就沒有時間再去超商買東西。太自私了吧！這能多花他多少時間？頂多二十分鐘吧？」她跟我說起這件事時，再次一肚子火。

薇若妮卡的伴侶不明白這個要求背後的意思，也不懂為何他工作累了一天後不要再多跑一趟有何大不了。他認為，這樣的要求十分不體貼，說不定還會想：「你明明知道我工作一整天很累了，幹嘛還要我幫忙其他事情？明天少了這些東西也沒關係，你又不會少一塊肉。」他立下界線，引起連鎖反應，導致衝突更加嚴重。

結果是，薇若妮卡的自我價值創傷立即發作、隱隱作痛，進而觸發她的保護機制：整個人反應過度、態度凶悍，沒提供任何脈絡就吵架。

這件看似無傷大雅的事，也就是他不願意多跑一趟去買她早上配咖啡的奶精，引發薇若妮卡和男友的巨大衝突，從此事態一發不可收拾。薇若妮卡開始挑剔男友的不是，除了這件插曲之外，還批評男友的性格和為人。我們都知道，人身攻擊可不是開玩笑，這非常具有殺傷力，重重打擊衝突中的關係。

難怪許多人只要不斷遭受批評，就會愈來愈有戒心。這其實不無道理，你愈是去批評對方，對方就愈拒絕跟你溝通，為了捍

衛自己而大小聲或反過來批評你。

　　以薇若妮卡來說，她和男友陷入了「批評對方－對方防衛」的迴圈，這只會讓衝突惡化。她侮辱了男友的人格，男友再捍衛自己，兩人再互換立場。這個情況持續好幾個小時，卻沒有任何進展。你有過類似的經驗嗎？這會讓你在精神上、情感上和身體上都很疲憊，讓你覺得和伴侶失去連結。另一方面，這也會讓你質疑一切。

　　我理解薇若妮卡為何擔心兩人的感情。她和男友經常陷入這個惡性循環，這讓她覺得身心俱疲。她不知道的是，這也揭開了她的自我價值創傷。但問題是，如果我們不知道創傷何時被引發，就無法治癒創傷。

　　我要薇若妮卡放慢速度，問她能否辨認出衝突開始前，哪個創傷被掀起了？薇若妮卡很久以前就找到自己的自我價值創傷，所以這句話對她來說並不陌生。

　　「我知道跟自我價值有關，但是我是怎麼搞到質疑起自己對他的價值啊？」她問。

　　「這個嘛，他拒絕幫你買東西的時候，你有什麼感受？」

　　「我當然不開心啊，你想說什麼？」

　　「你的價值是不是取決於別人願意替你做什麼呢？」我問。

　　「你是不是要仰賴別人的意願來決定自我價值呢？是不是把價值奠基在對方會堅持陪在你身邊，即使你逼迫、測試或考驗也不在意？」

　　我只是在表達我的觀點。薇若妮卡可以理解的是，當另一半拒絕她時，自己的自我價值創傷聽到的是：「不要，因為你價值

沒有大到讓我想為你這樣付出。」她沒有坦承自己這個脆弱面，而是進入了指責的模式。忽略了看見、聽見和理解自己。她直接叫男友道歉認錯、說她是對的並且求她原諒。這正是她在嘗試讓人看見、聽見和理解自己，可惜毫不管用。

批評無法帶給你想要的東西，只會讓你遠離原本的目標。批評並不能鼓勵別人看見、聽見和理解你，反而會促使他們更加保護自己、不願意與你合作。衝突非但沒有轉變為連結，反而助長了關係的破裂。

你上次批評別人是什麼時候？是哪個創傷被勾起，導致你忍不住出聲指責？在批評的背後，你真正想表達什麼？

你上次覺得被批評是什麼時候？你想得到是哪個創傷被勾起嗎？你當時是如何回應批評的呢？你是否想要表達特定的感受，當時卻未能好好說出口呢？

放下防衛心態

「我就知道，我實在不應該回家過節。」

我從聖誕節後就沒見到艾麗了，這是我們新年第一次晤談。艾麗就是那個在青春期期間，被母親指控在跟父親打情罵俏的個案。

數個月下來，艾麗一直在考慮是否要去父母家過幾天，全家一起過節。母親精神病發作和無端指控的事已過去十年了，母親自己也接受了好多年的治療，跟艾麗以前所認識的樣子大不相同。因為艾麗那陣子一直在處理自己脆弱的問題，所以在考慮回家跟母親分享自己成長過程中的經驗，這件事她從來沒有跟母親

提過。

艾麗清楚這必然伴隨風險。我們先前也替母女的談話做好準備，討論了期待、恐懼、不安全感和最壞的情況，但艾麗覺得自己準備好了。

「結果呢？」我問。

「我把我們諮商說過的東西都做了一遍，但是她馬上就開始找理由捍衛自己，不過我完全沒有批評她，而是分享了我從小到大的經驗，跟她說當初她指責我在跟我爸打情罵俏，我內心有多害怕。我甚至說，我理解她的意思，也很心疼她以前的性創傷。但是她完全不想聽，一直把矛頭指向我，說我記錯了、說我的童年很美好、說她是很了不起的媽媽，為我犧牲了很多，還說她不敢相信我這麼忘恩負義。我按捺住性子，一直想讓她知道那段經驗對我造成的陰影，但她就是聽不進去。」

戒心就是逃避自主權、不願擔起責任的行為，這通常包括找藉口、轉移焦點、大喊無辜或任何能逃避責任的方式。

從同理的角度來看，防衛心態是設法保護自己免受批評，甚至可能是想改變別人對你的看法。如果對方的觀點聽了刺耳，你也許可以理智地回答：「我還不錯、我才不自私、我並不是壞蛋。」但批評和防衛回應只會陷入惡性循環，很快就會破壞你們的關係。

我可以看得出來，艾麗試圖說明自己以前根本沒有跟父親調情時，她母親刺蝟般的反應讓艾麗有多傷心。儘管我們已替可能發生的情況做好準備，艾麗依然會感到受傷和失望。她希望母親看見她的傷痛。在理想的情況下，她會得到母親的道歉、母親主

動承認當年的責任。但她卻得到了刺蝟般的反應。

「那你怎麼回應媽媽呢?」我問。

「一開始我愈說愈大聲,只是想說服她。顯然這行不通,但我控制不住自己。我一直拉大嗓門叫要她聽我說,但是最後我放棄了,直接閉嘴。她的防備感覺像是在攻擊。我改了隔天早上的飛機,恨不得快點離開家裡。」艾麗直接挑戰她母親的缺失,嘗試了各式各樣的適應策略,不論是和顏悅色、體貼同理、字斟句酌,還是設法大聲說話蓋過母親的氣勢,全部都沒有奏效,都無法讓她覺得自己被看見、傾聽和理解。最後她只好灰心離去。

有時,創傷會被最初造成創傷的人給掀開。艾麗試圖修復自己和母親的關係,她療癒功課的一部分就是勇敢變得脆弱,她真的希望母親能理解自己對女兒成長過程造成的衝擊。

「要是我能讓她明白這一點,我的心情就會好很多。」

艾麗設法向母親袒露自己的創傷,希望母親能把自己的戒心放在一邊,進而連結她女兒的傷痛,但她就是做不到。她更想要保護自己,而不是和艾麗連結。相較於理解女兒的傷痛,她更想要保持自己身為母親的形象。

「我怎麼有辦法避開衝突呢?我是不是乾脆永遠都不要回去探望爸媽了?」艾麗問。

有時,與人拉開距離確實有道理,但功課往往是接納對方不會改變。有時,功課是去改變你如何看待對方的無力改變。有時,療癒就是放下希望,不期待他們會看到你、聽到你、理解你,然後選擇未來這段關係的互動方式。

但在我們找到解決辦法之前,我想讓艾麗了解自己的安全感

創傷是如何被掀開的。她母親的戒心變成一種折磨,把焦點從艾麗的脆弱面、對於安全感的需求,以及盼望母親能連結過去傷痛的心願完全轉移了。她母親的戒心掀開了艾麗的創傷。她設法陪伴自己的脆弱,但最後只能開始吼叫、然後閉嘴、盡速逃離現場來應對衝突。

「我為什麼無法輕輕鬆鬆看待,待到假期結束呢?我太情緒化了。我不需要一走了之啊。」艾麗的語氣流露出尷尬和羞愧。

「我覺得你會那樣離開,是因為缺乏安全感。」

我的回答對她來說很有道理。至少現在來說,照顧她的安全感創傷就意謂著選擇不跟母親討論她的創傷,也代表要離開她無法忍受的環境。艾麗選擇從衝突中脫身、繼續照顧她的創傷、連結自己的悲傷,而不是讓母親去承認她的悲傷,畢竟她母親沒辦法或不願意如此。

療癒的意思是心疼自己從小到大心目中母親形象的渴望,以及她現今對於她母親的願景。艾麗失去了很多東西,但這樣的失去也帶她療癒。她放下的信念帶來了清晰的視野和篤定,她釋懷的東西也賦予她平靜感。

你上次像刺蝟一樣捍衛自己是什麼時候?這樣的戒心出現時,是什麼創傷被掀開了?你的防衛姿態是要傳達什麼事?

你上次遇到別人像刺蝟一樣是什麼時候?你內在有什麼創傷被掀開了呢?你看到對方的戒心又有什麼反應?你是否想要表達特定的感受,當時卻未能好好說出口呢?

放下控制欲

伊莎貝爾和小約有次晤談遲到十分鐘,他們匆匆跑進來,連聲道歉。

「抱歉抱歉,我們遲到了。」伊莎貝爾說,「我們忘記注意時間了。」

伊莎貝爾和小約就是朋友昇華成戀人的那對情侶,她們從西班牙搬到紐約讀研究所。我得知,他們之所以遲到,是因為兩人陷入一場爭吵。

「想說說你們在吵什麼嗎?」

小約馬上就砲火連連:「我無法接受被控制。我知道我們針對這個聊很多次了,但是真的愈來愈過分了。我不可能為了讓伊莎貝爾開心,就強迫自己縮小生活圈。我不可能時時刻刻要顧好她的心情,只為了怕她受不了。我自己都受不了了,我不想在她傳訊息來的十五分鐘內就到家,也不想因為她需要我的關注就放下手機。」

伊莎貝爾和小約又回到老路了。這類衝突感覺跟以往的衝突感覺差不多,只是細節略有不同。假如你太在意瑣碎的細節,相信我,下次又會重蹈覆轍。這是因為正如「情緒取向治療」(Emotionally Focused Therapy)發明人蘇珊・強森博士(Dr. Susan Johnson)所說:「大多數的爭吵,其實是不滿失去了情感的連結。」這些策略都是下意識地處理失去連結的恐懼。如果這樣說話聽起來會好很多,實際上,你身陷衝突時通常不會這樣看待衝突。

　　伊莎貝爾叫小約把手機收起來，進而引發爭執。「她說我整天都在滑手機，應該要休息一下了吧？她的語氣超兇耶。我不覺得要休息，我是成熟到不行的大人，當然可以選擇要用多久手機啊。」小約不以為然。「我受夠了你內心不受重視的創傷。我告訴你，我也有創傷，但是你好像從來沒有想過這一點。」她這句話就是衝著伊莎貝爾所說。

　　如果你還記得，前面章節已詳細介紹過伊莎貝爾不受重視的創傷，但你對於小約的創傷卻知之甚少。在我們晤談的過程中，小約分享了自己父親的控制欲。她的父親非常嚴格，給女兒定下了許多規矩，只要不嚴格遵守就會受到懲罰。他的態度非常兇，會沒收小約的手機和電腦，甚至會禁足她好幾個月，她只要比門禁晚一分鐘回家，就會被這樣懲罰。「即使我有合理的藉口也不重要。後來他發現我是同志，控制欲和懲罰雙雙升級。他認為同志是一種選擇，所以千方百計要逼我做出不同的選擇，但到頭來只讓我覺得自己沒有歸屬感。」

　　伊莎貝爾和小約在爭吵中都有傷口被掀開：伊莎貝爾是不受重視的創傷，小約則是歸屬感創傷。

　　「你覺得自己和伊莎貝爾之間的矛盾為什麼會變嚴重？」我問。

　　「因為她的控制欲很強。」小約回答。

　　「嗯，也許吧。我不確定。你說的是，她指出你一直滑手機，問你覺不覺得應該休息一下了。我沒有聽到語氣，等於我錯過了一個細節。但是聽起來她是提出觀察，然後問了個問題。」

　　「感覺就像在控制啊。」

「好，這有沒有似曾相識的感覺呢？」

小約知道，她把伊莎貝爾的反應當作過去父親的反應，伊莎貝爾不受重視的創傷和小約的歸屬感創傷迎面相撞。

小約在滑手機時，伊莎貝爾需要感覺自己受重視這一點遭到了挑戰；伊莎貝爾質疑小約對於社群媒體上癮時，小約在關係中對自由的需求受到挑戰。

「在這段關係中，我可以有自己的空間嗎？我不想為了融入對方生活，就平白接受被控制。」

哇，兩個創傷同時被掀開。兩人同時希望對方能看見、聽見和理解自己，效果卻是大打折扣。兩人發現自己陷入衝突的迴圈中，卻感覺彼此更加疏遠。

在那次晤談中，我們放緩了分享的速度，但兩人的情緒仍然很激動，無法真正看清事件本質，要等到下次晤談，我們才真正好好分析。

我讓她們輪流與自己的創傷連結，再好好向彼此表達感受。他們分享了過去熟悉的感受，這次沒有互相指責對方，而是把焦點轉移到彼此的情感需求。

伊莎貝爾先開口：「老實說，我只是想要花時間陪你，也希望你想花時間陪我。我喜歡跟你一起度過的時光，好懷念喔。對不起，我不知道怎麼換個方式表達。」

接下來換小約說：「我想自由地做我想做的事情。我也喜歡花時間陪你，但是我也喜歡自己獨處、做些不必動腦的事情，跳脫當下的一切。我想知道我既可以自己做一些事情，又可以繼續經營著這段感情。有時候，我覺得一定要做你想要和需要的事

情，我才會被你接受。這感覺跟控制很像，我覺得喘不過氣。」

你是否看見情感需求把兩人帶回自己的原生創傷呢？伊莎貝爾的情感需求主要是想受到重視，她想花時間陪小約，也希望小約想花時間陪她，而小約的情感需求主要是歸屬感。我想知道我可以為自己做一些事情，同時仍然是這段關係的一部分。我想做我自己，仍然有歸屬感。「我想知道我既可以自己做一些事情，又可以繼續經營著這段感情。」我想要好好做自己，同時不失去歸屬感。

他們都好好地向對方表達了自己的感受，但同樣重要的是，他們都進一步看見了自己、自己的創傷和自己的需求。這就是轉向發生的時刻，可以促成改變。照顧我們的創傷有助於減少我們的反射動作，防止我們陷入同樣的衝突迴圈。這並不見得會在雙方交鋒的當下發生，但如果我們致力於自我成長，就有機會回過頭來看看自己漏掉什麼。

衝突只要處理得好，可以帶人獲得更深的連結、親密感、療癒自己和別人。我把衝突當成沙灘上一面旗幟，讓我們每個人知道在表面之下，有非常重要的事正在發生。衝突是絕佳的指標，告訴我們慢下來、保持好奇與開放，因為底下有未癒合的傷痛，正在大聲呼喊要吸引你的注意。

你上次展現控制欲是什麼時候？你想得到是什麼創傷被掀開，而讓你情緒反彈嗎？你想藉由控制傳達什麼訊息？為何你會選擇施加控制呢？？

你上次感到被控制是什麼時候？你想得到是哪個傷口被掀開了嗎？你當時對於這種控制有什麼反應？你是否想要表達特定的

感受，當時卻未能好好說出口呢？

放下輕蔑心態

「我要辭職了，沒在開玩笑，我要離開那裡，我受不了這分工作，我受不了他。」卡爾生氣地說。他這次前來午間晤談，剛剛離開公司前，老闆讓他火冒三丈。

卡爾出身海軍家庭，他父親的控制欲極強，以前會逼所有兒女早起進行軍事訓練。

「你需要好好倒一下情緒垃圾嗎？」我問。這是要個案盡情宣洩，不需要有禮貌、不需要管說話的內容，單純發洩和釋放出來。「倒情緒垃圾」可以讓人覺得放鬆、釋放被壓抑住的大量壓力。卡爾準備好了！

「老實說，我一直在想像自己辭職的樣子。什麼才是最好的方法可以讓他摸鼻子認栽？我要怎麼做才能看到他覺得難堪或丟臉？他真是個王八蛋，我實在受夠他和他那張蠢蛋臉了。他自以為了不起，明明年紀沒大我多少，根本是徹頭徹尾的白痴，完全不懂得怎麼管理別人。老是一副高高在上的樣子，動不動就貶低我、挖苦我。我已經準備好辭職了！」

卡爾深吸了一口氣。

「感覺怎麼樣？」我問。

「好多了。謝謝。」

「所以確切發生什麼事情呢？這陣子工作怎麼了？好像就在我們晤談之前，就有些事情吧。」

「這種情況已經持續了一段時間。他都在別人面前貶低我、

控制欲很強，大事小事都要抓在手裡。今天，他有一封電子郵件就是沒有寄給我，我明明就說過很多次了，要他把我放進寄件名單。這真的讓我忍無可忍，我直接罵他王八蛋，然後我們就吵了起來。」

輕蔑是最嚴重的批評，在我們捲入衝突時殺傷力也最大。對於夫妻來說，這是感情破裂的最大徵兆。一般人展現輕蔑的態度時，他們的樣子顯得毫無尊重、酸言酸語又自以為是。他們會用上對下的語氣說話，姿態高人一等，自認比對方來得厲害。輕蔑可能也包括了第 7 章討論的虐待，被輕蔑的對象經常會覺得自我價值低落、被人怠慢和遭到鄙視。

卡爾和老闆的衝突顯然非常嚴重，最後旁人還必須把兩人拉開；雖然沒有真的拳腳相向，但兩人幾乎是臉貼臉在互罵。卡爾挫敗得有理，但他也知道自己的反應不恰當。那正好踩到了他的底線，當然沒有人希望被輕慢或控制，但他情緒反彈是個警訊。

「卡爾，你覺得為什麼自己的反應會這麼大？」

「不就是因為他是王八蛋嗎？」他要笑不笑地說。

我回以微笑，但進一步追問：「這件事情有沒有給你一股熟悉感？老闆的行為有沒有讓你想起任何事件或任何人呢？」

這勾起他的回憶。老闆其實就很像他父親，卡爾覺得被控制、命令和無視。老闆處理事務的方式，讓他覺得自己不是團隊一分子，難以感受到歸屬感。

雖然花了點時間，但卡爾能看出自己的歸屬感創傷被掀開，是因為他老闆不寄給電子郵件，他就直接進入衝突模式，以求被看見、聽見和理解。

「那他這樣的時候，我應該怎麼辦呢？」卡爾問。

首先，我希望卡爾慢下來，與自己的創傷連結。他老闆對待他的方式與說話的語氣不對，但這正好帶來內心傷口透氣的機會。說帶來機會很奇怪，但依然是個機會。

「卡爾，看見創傷，不要立刻跟他槓上，先往你的內在走。不要回應外在的關係，要照顧內在的關係。我可以保證，在那個當下，你從老闆身上得不到你需要的東西。我也不知道你究竟能不能從他身上那裡得到需要的東西，但是絕對不會是這種方式。你可以試看看嗎？花點時間看見、聽見、理解你為什麼難受。」

「我覺得不受尊重、被瞧不起。我覺得他在貶低我、有大小眼，我覺得被刻意排擠，老實說，這真的讓我很不爽。」

「很好。」我說，「當有人用輕蔑的態度對待你，務必要立下清楚又直接的界線，而你是用激烈的情緒反彈，我懂。其實，從你的描述看來，大多數人遇到類似狀況都會有很大的反應。但是你的功課是要與自己連結，再選擇用不同方式來回應老闆。你想要被看見、聽見和理解，對嗎？所以你需要對自己坦白，也對老闆坦白，才有機會達到目標。」

「那假如他聽不進去或不甩我咧？」卡爾說得有道理。

「這也有可能，我們無法百分之百確定，但真正改變的是你尊重自己、看待自己的方式，改變的是你可以情感上專注，而不是一昧在情緒上反彈。這樣就是一場勝利。你的老闆會不會改變他的待人方式，你無法控制。你的功課是對自己負責，假如情況沒有好轉，你也可以選擇離開這分工作，但是我們還沒有走到那一步。現在，我想先讓你思考你要跟老闆立下的界線，還有在他

面前提出來。」

卡爾嘗試說了一下：「我不喜歡你現在對我說話的語氣，我也不喜歡被排擠，這會給我不受尊重、高高在上的感覺。我希望能受到尊重，我想感受到自己也是團隊的一分子。如果你希望我改變做事的方式，麻煩私下跟我談談。」

卡爾的功課是以不同的方式處理衝突，以往他只是陷入與老闆的衝突迴圈中，你一言我一語，結果毫無進展。這項功課就是要從情緒反彈轉為情緒照顧，也是結束惡性循環的唯一方式。有時你可以找對方一起進行情緒照顧，培養你在乎的一段親密關係，有時你可以自己進行情緒照顧，譬如艾麗就一直在練習看見自己的努力，儘管她母親做不到這件事。照顧自己的情緒有助於建立安全感，讓你專注地看見自己、聽見自己和理解自己，即使你是唯一這樣做的人也沒關係。

你上次展現輕蔑是什麼時候？你能想起是哪個傷口被掀開了嗎？你當時對於這種輕蔑有什麼反應？你是否想要表達特定的感受，當時卻未能好好說出口呢？

推倒內心的高牆

「我累死了，我不想待在這裡了，你不要介意。」馬克明顯在情感上封閉。

如前所述，馬克和特洛伊之間有信任感的問題。特洛伊先前很氣馬克沒有在聚會上替他出頭，但馬克自己也有自我價值的創傷，這個創傷源於他父母有條件的愛，而且才被掀開沒多久。

「他每次都這樣，」特洛伊說，「對話太多的時候，他就會

直接閉嘴、不再對話，這真的很讓人生氣欸。我們昨天晚上吵架吵到一半，他就忽然站起來走出家門，一句話都沒跟我說，就是直接離開現場，還把手機關掉，好幾個小時都沒回來。他回家的時候我已經睡了，這簡直太過分了。」

馬克這樣就是在築起心牆，這是想要避免衝突的抽離方式。他們不遺餘力地在內心築起一道高高的牆，把自己和對方的距離拉大，這其實是保護機制，但往往會引發對方的怒火、破壞穩定感，還可能導致兩人之間的衝突。

特洛伊找不到馬克，不知道他人在哪裡，也不知道他何時會回家。特洛伊簡直一頭霧水，雖然一頭霧水向來不是什麼好事，但你在進行很重要的對話時，更是格外令人難受。

「你們兩個本來在談什麼呢？」我問。

「談錢，我說我們最近花了很多錢，感覺需要減少一些開銷，甚至還算不上吵架。我剛開口沒多久，馬克就給我碰了鐵板，他完全不想溝通。我稍微再追問一下，因為我們要達成共識啊，但是他不回應就是不回應。我努力要跟他說話的時候，他就一直低頭看手機，然後站起來離開現場，真的要氣死我了。」

馬克對此很快就回說：「我受夠了，特洛伊動不動就要指出我做了哪些事沒有達到他的標準，像是我不夠支持他、我沒有好好存錢，永無止境欸。我完全沒興趣對話，所以當然就離開了，因為只有這樣才不用聽他嫌棄我。」

特洛伊提起他認為馬克需要改變時，馬克的自我價值創傷就被掀開了。提出要求或觀察，本來就很容易不如預期。儘管特洛伊明確表示「兩人」都需要減少開銷，馬克卻只聽到「他自己」

需要少花點錢。他聽到的是自己又有一件事沒做好了，聽到的是他是不夠格的伴侶，進而引發他童年的自我價值創傷。

馬克不斷聽到特洛伊指出他不夠完美，言下之意是他很快就會失去愛、連結和認可。馬克學會了保護自己的方法，就是封閉自己和切斷連結，這是他安全的避風港，但馬克築起心牆只讓整件事每況愈下。

儘管特洛伊想要討論兩人花錢習慣是出於好意，但馬克和特洛伊都看得出來馬克的創傷被掀開了。馬克的情緒反彈讓他築起高牆，而不是坦承自己和特洛伊的內心創傷。這個意思不是馬克不能暫時離開對話或做點事來紓壓，只是代表他看見當下發生的事，並且傳達了讓他能重新振作的方式。

「如果你當初發覺創傷被掀開了，你可能會說什麼呢？」我問馬克。

「我想，我原本可以跟特洛伊說，我覺得自己受到批評，好像我在他眼裡又沒有把事情做好，讓我覺得自己配不上他付出的愛。」

這就是情緒照顧的起點。我們展現出脆弱時，情緒就會與人連結、獲得支持，與更多脆弱共鳴。我們清楚地表達自我情感需求、連結創傷後，好比馬克說覺得自己價值感低落，療癒的道路便會打開。這就類似莫娜‧菲許貝恩（Mona Fishbane）博士所謂的脆弱循環（Vulnerability Cycle），幫助我們從情緒反彈轉而內在反思。

你上次拒絕溝通是什麼時候？你想得到是什麼創傷被掀開，讓你選擇不健康的因應策略嗎？你想透過築起心牆來傳達什麼？

你上次遭人冷漠對待是什麼時候？你想得到是哪個傷口被掀開了嗎？你對此有什麼反應？有時別人可能無端就拒絕與你溝通，但有時別人是在挑釁下拒絕與你溝通。想想看，你是否扮演了一定的角色呢？是否也有些責任？你是否想要表達特定的感受，當時卻未能好好說出口呢？

用理解取代情緒反彈

我記得，很久以前曾聽過約翰‧高特曼博士說：「在每個抱怨背後，都藏有深層的個人渴望。」每當我們的情感需求沒有獲得滿足，就會批評或抱怨自己的伴侶、家人，甚至朋友。我們沒有陪伴那個需求、好好認識需求、讓它浮出水面，反而選擇與它保持距離、變得像刺蝟一樣，把錯都怪到別人頭上。

但我們的情感需求往往正是我們的創傷，這時我們務必要小心行事。因此，如果我們希望跳脫衝突和情緒反彈的迴圈，就需要正視需求、照顧需求。如果我們能找到並表達我們的原生創傷，就是踏上有人看見、聽見和理解之路。

想想看你最近說出口、或經常掛在嘴邊的抱怨或批評。無論對象是誰，我要你專注回想近期一直抱怨或批評的事，也許是「誰誰誰都沒考量到我的時間」、「誰誰誰控制欲太強了」、「誰誰誰老是在滑手機」、「誰誰誰都不說自己在跟誰傳簡訊」、「誰誰誰只會亂花錢，不為我們的將來儲蓄」等。

你讀到上面的抱怨和批評時，是否發現了任何創傷或隱藏的情感需求呢？我讀到「誰誰誰都沒考量到我的時間」，就聽到

想要自我價值的渴望；我讀到「誰誰誰控制欲太強了」，就看見歸屬感創傷，渴望能自由地做自己；我讀到「誰誰誰老是在滑手機」，就看見渴望受到重視；我讀到「誰誰誰都不說自己在跟誰傳簡訊」，就看見信任感創傷；我讀到「誰誰誰只會亂花錢，不為我們的將來儲蓄」，就看見安全感創傷。大概就是這個意思，你是否能挖掘抱怨底下的創傷呢？你是否能找到你的情感需求呢？

還記得薇洛妮卡和她的伴侶大吵一架嗎？我問薇洛妮卡，她能否把對男友的抱怨和批評轉化為情感需求，這樣她就不會被自己的創傷和情緒反彈所左右，而是騰出內在空間、抱持著理解來選擇如何進一步互動。「這聽起來很蠢，」她回答，但笑了笑，繼續說下去：「好吧，但是要怎麼做呢？」

我帶她把原本的話語轉譯一下。與其說「你太自私了」，試著說「我想感受到自己對你的重要」。與其說「你根本不在乎我」，試著說「我希望你考慮我的感受」。與其說「你是最爛的男友」，試著說「我想感受到你把我放在心上」。我最後問：「你掌握其中竅門了嗎？」。她點了點頭，然後繼續練習。

實際上，我們的抱怨可能沒完沒了，但我們的情感需求卻八九不離十，都與我們的創傷緊密相連。如果你思考自己抱怨的內容，加以轉化為情感需求，這些需求很可能凸顯了自我價值、歸屬、重視、安全或信任等議題，也可能會凸顯想要有人看見、聽見和理解。

現在，你自己嘗試轉譯一下。回想最近的衝突或任何反覆出現的衝突，思考衝突開始前的時刻。你是否能辨識是哪個創傷被

掀開了嗎？你又用什麼方式投入衝突，只為了讓人看見、聽見和理解呢？你當時是否事事看不順眼、抱持戒心、不以為然、展現控制欲或築起心牆？你是否了解自己為何有這些反應？當時又帶來什麼結果呢？

- ◆ 我被掀起的創傷是 ＿＿＿。
- ◆ 我現在可以看見創傷，因為 ＿＿＿。
- ◆ 我捲入衝突是因為 ＿＿＿。
- ◆ 但衝突最後帶來的是 ＿＿＿。

好，你做得很棒，現在再多回答一些問題：

- ◆ 我現在真正覺得沒安全感或產生懷疑的是 ＿＿＿。
- ◆ 我希望對方真正理解我的是 ＿＿＿。
- ◆ 如果我不要開口批評、抱持戒心、展現輕蔑、一昧控制或築起心牆，轉而表達以情感需求，我就能學會 ＿＿＿。

記住，你受傷了。不管過去發生什麼事，都引發了你似曾相識的感受，這想必很痛。你是否能連結原生故事，以及這一刻傷痛的原因呢？在往下挖掘的過程中，務必溫柔地對待自己。

日常練習

我都告訴自己的個案，遇到衝突才想要試著駕馭，通常只會失敗收場。我建議你還沒遇到衝突時，也就是衝突和個人仍然保有距離、或對於衝突抱持共同好奇，最適合探索這個問題。我們

身陷衝突中時，通常會激動到難以消化；我們的身心自動對更重要的事產生反應。

想像情緒被挑起後的挫敗，再問問自己是哪個創傷在隱隱作痛。眼睛平視，想像你被激怒了，設法把批評轉化為情感需求。你可以隨意說髒話。如果你腦海已有畫面，那很好；但如果你與大多數人一樣無感，可以一笑置之，改天找個獨處的時間和空間來處理你的創傷，這樣你可以在衝突前練習引導自己、立下界線。

好奇的你別忘了，別人也有自己的創傷。了解和看見別人的原生創傷，與了解和看見自己的創傷同樣重要。當然，他們要為自己負責，但在親密關係中，無論是與伴侶、家人，或是朋友，你能給對方最大的善意之一，就是記住他們的生命中也有原生創傷，可能與你的原生創傷共同被掀起，只是也許他們還沒準備好面對。

你運用日常練習來學習好好處理衝突，就會發現無限可能與潛力，來建立連結與親密感。想想看，你只要有知有覺地進入衝突，便可以深化你自己與所愛之人的關係，轉換觀點後帶來的力量，實在不可思議！

9

好好溝通

　　你用理解取代反彈時，你的關係反而可以在衝突後加深，進而更加親密。如前所述，情緒反彈會掀開創傷的疼痛，而理解則有助你開始療癒你創傷。但如果你想把衝突轉化為連結，可能需要改善你對抗的方式，也需要改善你的溝通方式。

　　其實，你不可能永遠擺脫所有的情緒反彈。有時你會挑起衝突，有時你會對挑起衝突的人做出情緒反彈。你可以做好這個功課、善加處理，但也許無法保證在未來絕對不會出現惹惱你的人事物。騰出內在空間，包容生而為人的體驗。別忘了，彼此的情緒反彈都帶給雙方非常重要的資訊，前提是你們開始覺察到這點，然後相互溝通。

　　亞歷珊卓・索羅門博士說，健康的親密溝通最重要的面向是關係的自我覺察力。她說這是指「願意也能夠誠實地看待親密關係中容易觸發你情緒的事，以及你感到煩悶時如何自處。」如果你和大多數人一樣，很可能更傾向進行線性思考，內心就會出現類似以下的小聲音：「你太遲鈍了」、「我太不可靠了」、「我要你做的事情，你從來都不照著做」、「要是你多付出一些關心，

就不會發生這種事情了」、「這件事情的發生都是因為我太蠢了」等。這類狹隘的思維方式是在指責或羞辱，忽略了我們每個人都有豐富又複雜的生命故事。但我們被激怒時，很容易直接落入慣性。一旦你陷入線性思維，絕對不可能出現情感的連結。

相較之下，系統思維會考量到我們的原生家庭和過去的關係，提醒我們時時刻刻都有複雜而豐富的生命故事。系統思維同時提供了看待別人的視角。假如我們能透過這個觀點來看待彼此，是多麼珍貴的禮物啊！明白現在發生的事不僅反映了當下，而是反映了過去的時時刻刻，又是多麼珍貴的禮物啊！想想看，如果人與人相處時都能謹記這點，溝通方式會發生多大的變化？想想看，這樣溝通伴隨的慈悲、同理或恩典，應該有多深刻？

因此，如果你的伴侶批評你，你聽到的不僅僅是在家中需要的改變，也包括你過去遇過的所有批評，來自你父母、過去交往對象的批評等。從整個系統的角度來看，而不以線性思考，你的反應便有脈絡可循。如果你的伴侶覺察到這點，就可能會以不同的方式與你相處，進而找到連結的時刻，避免兩敗俱傷的破局。

正如我在本書開頭所說，思考我們的原生故事，以及看見家庭系統的複雜，並不是要找藉口開脫，我們平時還是難免會遇到低潮。但一旦取得了脈絡，確實有其好處。我們從這個角度開始溝通時，就可以避開細枝末節或非得爭個輸贏，我們會走向更深層的認知，明白彼此都受了傷害，也都希望有人看見、聽見和理解。這才能提升我們溝通的品質。

究竟要溝通或不溝通？

傷口被掀開時，你有兩個選擇：溝通不溝通。你選擇不溝通，創傷的生命故事就沒有機會獲得別人看見。但對於溝通的選擇，我想給個小提醒。

你選擇避免溝通，可能有許多合情合理的原因。當然，最終目標是良好的溝通，但你也需要認清自己應該與「誰」溝通。我在此要特別說明，有時選擇不溝通，反而是最健康的選擇。選擇不溝通並不代表被動，而是主動的決定，正視到即使你說話抱持善意、體貼又清晰，跟特定對象交談仍然可能不安全，也無法帶給你療癒。如果你知道溝通會對自己造成傷害，譬如正處於暴力關係中，你可能會選擇不溝通；如果對方要進行任何形式的操縱、或反過來咬你一口，你可能會選擇不溝通；如果你從經驗中得知對方執意不聽你說話，或一昧捍衛個人立場，你也可能會選擇不溝通。選擇不溝通的意思是你不給人看見，但也代表你不會受到進一步的傷害。有時，這也是療癒。療癒需要判斷力。有時，最好的選擇是尊重自己、繼續前進、找到能傾聽你的人。

你會仔細考慮選擇來溝通，還有另一個原因。你很清楚自己從原生家庭與過去感情中，獲得溝通的啟蒙教育。在健全的家庭中，溝通往往是清楚、良善、體貼、平靜、好奇、篤定、誠實又直接。但你溝通的經驗可能與此不同，也許帶來極大的傷害，一點也不健康。如果你選擇進行溝通，但你還沒有找到自己的原生創傷，就更可能會使用我以下提到的溝通姿態，個個殺傷力強大，表達你對指責或羞辱的線性觀點。

　　正如我們在第 8 章的討論，使用破壞性的溝通方式只會重新掀開傷口，打造衝突的迴圈。你仍然難以得到有人傾聽和理解的感受，所以在溝通之前，最好先拉開距離，確定你的創傷。

　　如果你想要展開更健全的溝通，最需要轉變的就是，你得清楚自己「真正」想要溝通的內容。也許你認為這太簡單了，但假如你曾在爭吵的過程中捫心自問，兩人到底在吵什麼？或回想前幾天的爭吵，然後問你的伴侶「我們當時在吵什麼？」那你就會明白，彼此爭執的話題很容易就與理應討論的東西相去甚遠。這些話純粹出於關心，但在你開口之前，你要先連結內心真正想傳達的訊息。

移除溝通障礙

　　當然，更健全的溝通是最終目標，但在你達到這個目標之前，最好先知道你的障礙。什麼阻礙了你進行清楚、良善、平靜、好奇、篤定又直接的溝通呢？最後，你要如何更接近目標呢？我們就來看看，被動型、強硬型、以退為進型和混亂型等溝通姿態是如何阻礙你讓人看見、聽見和理解，以及你要如何成為別人願意交流的溝通者，同時也是你心目中的理想溝通者。

肯定你的聲音

　　艾麗與家人共度糟糕的假期後，展開了新的一年，終於認識了吸引她的人。她約會好幾年了，但都沒有找到合適的對象。現在這個男人不一樣。艾麗和他約會了幾個月，兩人感情開始升溫。

「我覺得我愛上他了，會不會很奇怪？」她在一次晤談中問。她很擔心自己太快墜入愛河，因為才約會了幾個月，還沒有聊過在一起的事，也沒有針對彼此的關係訂下任何協議。

「我覺得自己需要放慢節奏。我很不想受傷。萬一他沒有想定下來，或是感受沒有我強烈呢？」她問。

「嗯，那你跟他說了你的感受嗎？有沒有聊過對這段關係的期許呢？」

「沒有，當然沒有。你不覺得現在聊這些太早了嗎？」

「我不覺得，」我說，「我認為認知清楚與發展方向很重要。你有很多自己既定的看法，猜他可能想要什麼、可能有什麼感受，卻從來都沒有問過他的想法。也許他對你也有相同的心動，也許他沒有那麼心動。但無論如何，你只要避免對話，就會忽略重要的資訊，也就難以釐清很多事情。」

艾麗當時的表情，就像是看到我的嘴巴在動、也聽到了我說的話，卻不打算採納我的建議。「我只是不想當那種女生。我覺得應該順其自然就好了。」

「好，那就順其自然吧，看看感覺如何。」我回答。

艾麗目瞪口呆，我看得出來她的表情像是在說：「等一下，你就這樣放棄了嗎？」但其實我並沒有打算放棄，她只是還沒準備好，當時還需要更多體驗。

一星期後，艾麗又前來諮商了，她說：「我快被逼瘋了，上禮拜到現在我跟他約過兩次會，我真的好喜歡他。怎麼辦？！我想跟他一對一交往。哎唷，好難受喔！」

艾麗就是被動的溝通者，不惜一切代價避免聊到嚴肅的話

題。她寧願憋在心裡難受，也不願意好好說出來。大部分被動的溝通者不敢表達個人想法，也不敢分享他們真實的感受。他們盡量同意他人的意見，只因為害怕衝突發生，或對話朝著他們不想要的方向發展。光是想到要說出自己的感受，又可能得面對男方感受不對等帶來的失望，她就覺得難以承受。

「我就是辦不到，不值得啦，我只要默默接受曖昧就好。」

艾麗跟許多被動溝通者一樣，說服自己不值得說出內心的感受。她把男方的經驗擺第一，忍受她「以為」對方想要的東西，表現得一副隨和、懂得變通的樣子，但其實她覺得自己一點也不隨和，只是把她自己當成犧牲品。

「艾麗，假如你說出真實的想法，你害怕會發生什麼事情？」我問。

「我不知道。說不定他會生氣或分手，說不定他會覺得我在要名分，破壞本來好好的感情。」

艾麗的安全感創傷被掀開了，許多有安全感創傷的人成為被動溝通者。他們過去的經驗讓他們難以放心主動分享、說出想法或提出要求，因為只要替自己發聲，往往就會遭遇敵意、戒心、宰制、暴力、批評或蔑視。逃避就有安全感，分享缺乏安全感。

「從什麼時候開始，你覺得說出內心話並不安全呢？」我問。

「跟我媽算嗎？」她問。

「算啊，艾麗。你從媽媽那裡學到什麼溝通技巧？」

「溝通很危險，」她回答，「我的聲音不會有人聽到，事情只會愈來愈糟，我應該不要多嘴，什麼也不說就好。」

　　「沒錯，」我說，「你學會的是跟媽媽溝通缺乏安全感。這是事實，不過幾個月前的假期，我們又看到了一樣的情況。你只要跟媽媽在一起，就沒有公開分享想法的餘地，也無法相信你說的話會被接受。但是逃避一切的溝通也不是解決問題的辦法。你必須學會分辨分享的對象，然後鼓起勇氣說出你真正想說的話。」

　　艾麗現在準備好了，她依然不大自在，但她開始明白，唯有漸漸使用清楚、自信的溝通方式，才是突破現狀的正確步驟。艾麗需要承認自己的安全感創傷，明白這個創傷限制了她的溝通，認知到自己的被動不僅阻礙別人聽見、看見和理解她，也阻礙了她完全看見自己、認可自己。這項功課有助她重拾自己的聲音，即拿回很久以前在不安全的家庭環境中被剝奪的聲音。

　　「那陪我想像一個情境，好嗎？」我說。「假設現在所有條件都具足了，你沒有任何事情需要害怕，對話走向也會完全按照自己的期待，你想要表達什麼呢？假裝你是在對他說話。」

　　「我真的好喜歡你，我完全不想跟別人約會，我想知道你對我是不是同樣心動。」艾麗看著我，想知道我聽了之後的回饋。

　　「很棒！」我說，「你分享了內心的感受，也詢問了他的感受。接下來根據他回應，就會透露更多細節了，但這是很棒的開始。」

　　「但如果沒有條件具足呢？」她問。

　　「艾麗，肯定自己的聲音，永遠都是最佳時機喔。」

　　艾麗的腦袋充滿了「假如……我就會行動」的小聲音，全世界每天有數十億人都在腦袋中玩相同的遊戲：「假如我（得到想

要的結果），就會採取行動」。當我們把內在的聲音轉化為「無論如何，我都要肯定自己的聲音」時，就會產生強大的力量。

　　肯定自我的聲音，並不取決於別人是否聽見你，是需要「你」聽見自己，而且永遠如此。對艾麗來說，這代表要傾聽自己的內心，聽見她想要固定對象交往的心意；肯定的聲音，就代表要跟約會對象分享這個心意，男方是否答應或有同感並不重要（儘管這是理想的結果），重要的是她傾聽自己的聲音，選擇說出內心的話。

　　強化你的聲音需要不斷地練習。你學會了逃避溝通、較被動回應的同時，你也學會去貶低自我經驗與主觀感受。若你改採更健全的方式溝通時，不妨按照我引導艾麗的步驟來引導自己。

　　你真正想說的話是什麼呢？不必拐彎抹角，不必多作道歉，也不必替別人承擔責任。清楚傳達你的訊息。大部分的諮商師都會鼓勵個案用「我」開頭的句子，這些句子都是與自己有關，而不是發表對別人的看法。艾麗需要從「我不知道你想不想在一起」改為「我很享受目前這段關係，我希望能一對一的交往。」

　　你可以試試看嗎？有沒有哪些事一直不敢說，但其實你想要好好看重？記住，我現在沒有要你馬上大聲說出來給任何人聽。這只是要你肯定自己的聲音。

- ◆ 我一直不敢說的是 ＿＿＿ 。
- ◆ 我內心想要的是 ＿＿＿ 。
- ◆ 說出真話的感覺是 ＿＿＿ 。

　　下一步是理解你的侷限。侷限會阻止你說出真心話、讓你無

法自信的溝通。對艾麗來說，侷限就是她的安全感創傷。她不知道自己可以表達和分享自己的看法。她回顧生命經驗時，看到種種證據都佐證一件事：每當她分享內心話，一切就會惡化。你的內在發生什麼事？你害怕會發生什麼？你能承認過去生命經驗的影響嗎？

◆ 以往，我只要說出重要的事，就會 ＿＿＿＿。

◆ 這件事帶來有關分享的一課是 ＿＿＿＿。

◆ 我擔心今天會發生的事是 ＿＿＿＿。

　　下一步非常重要，就是我們提過的判斷力，你要決定當下環境和旁人是否讓你放心。這可能困難重重又讓人疑惑，但如果你無法確定，那就以自己的安全優先。這就代表除非你覺得安全，否則就不要分享內心話。由於我們現在並非在諮商室中，我也不清楚你的生命故事，因此無法好好地陪你一起判斷。但目前，你可以設法留意身體覺得安全和不安全的差異。你是否能想像這輩子覺得最舒適、最自在且自由的空間或地方嗎？也許是整個人包在柔軟的毯子裡窩在床上，也許是最愛度假期間的大自然健行，也許是抱抱你的毛小孩，也許是與死黨好友在沙發上閒聊。

◆ 我想像 ＿＿＿＿ 時，我的身體感到 ＿＿＿＿。記下身體所有感受。

　　現在，想像一件自己害怕的事，可能是懼高、大蜘蛛爬到身上、某次在眾人面前說話、幽閉恐懼等。不必想太久，但留意感受的差異。

◆ 我想像 ＿＿＿ 時，我的身體感到 ＿＿＿ 。

　　我並不是建議，只要你感到胸口緊張或手心出汗就不要行動。我們勇於面對困難的對話，或從事我們以為自己絕對辦不到的活動時，有時反而會獲得意想不到的成功。

　　但最好開始留意身體要告訴我們的事。我們釐清哪些訊號要無視、哪些不能無視時，就會帶來智慧和療癒，但重要的是注意兩者的區別。

　　回到艾麗的例子，我們討論了她那陣子的約會對象。雖然我們聊到跟對方分享內心話時，她的心跳加速，但她提出的證據都顯示他能聽到她的聲音，然後適當做出回應，而不會變成吵架。這並不代表她會得到心目中的答案，但我們相信他會保持良善、平靜和理智的態度。

　　艾麗嘗試展開對話。到了下次晤談，她開心得大喊：「他也想一對一交往耶！」

　　我們都笑了。時間一久，艾麗和男友會更了解對方。這就是溝通的美妙之處，以及可能引導你的地方。現在還不適合說為何艾麗通常會選擇被動，但她終究會開始分享更多的生命故事。艾麗致力於健全溝通是不斷的練習，她長期都傾向於被動的模式。你也許發覺自己也是如此，但透過重複練習，你也可能會發現有些人可以、願意也想要聽見你的心聲，你也能放心跟他們分享。

尊重他人

　　崔西走進諮商室就開口說：「我朋友一直給我相同的回饋，

我覺得需要找你聊聊。」崔西患有腦性麻痺，但小時候父母卻否認她與別人不一樣。

「發生什麼事情了？」我問。

「這不是我第一次聽到別人這樣說了，所以我需要好好注意一下。我那些朋友都覺得我在溝通的時候很莽撞，太過直接。我不知道，他們說每次問我的意見，我都不會同情別人，缺乏同理心。」崔西停頓一下。「可是如果你不想聽，幹嘛還要問我的意見？反正我想針對這個聊聊，因為明顯這裡面有東西可以探討。」

崔西得到的回饋都是針對她的溝通方式。她的親朋好友認為說話的當下，她沒有展現體貼、同情、關心和同理。他們曾找她聊他們的生活、工作觀念，或約會衣服挑選。無論話題為何，崔西都顯得神經大條、唐突無禮。

「大家都說我是刻薄的老實人，你覺得我是嗎？」她問。

「我不確定，崔西，我們要挖挖看嗎？」我回應。

崔西同意了。「你知道我想從哪裡開始吧？」我問。

「肯定跟我的家庭有關吧。」崔西咯咯地笑了。

我也投以微笑。「我們能看看你原生家庭中的溝通方式嗎？」我問，「從小到大，你從溝通中學到了什麼？」

「完全沒有，」她回答，「沒有任何溝通，家人都避而不談，從來沒有承認我身上的疾病。」

「你對此有何感想？」我問。

「討厭死了，真的恨死了。我希望他們乾脆一點，我希望他們直接說我有腦性麻痺，我希望他們不要再躲躲藏藏、不要再

保護我了。他們的迴避造成的傷害遠大於他們避而不談的這個疾病，他們以為在保護我，但是我早就知道，也感覺到了。」

對於溝通，崔西採取了對抗的態度。她看到父母與她溝通的方式，於是決定採取完全相反的態度：「我絕對要直來直往」、「我不要迴避困難的對話」、「我永遠要把事實說出來」、「我知道憋著不說的痛苦」。這些都是崔西無聲的抗議，但她沒有意識到自己矯枉過正，反而變成了強硬的溝通者。

具有歸屬感創傷的人缺乏適當的溝通方式，但我們知道的是，一個人如何溝通往往是在尋求歸屬感，或為了證明自己缺乏歸屬感。有些人會調整自己、設法適應，有些人會出現特定行為，只想證明自己的創傷經驗。

崔西的溝通方式終究是要證明自己的創傷經驗，她極端的態度讓人不敢恭維。她自認直來直往，在別人眼中卻是咄咄逼人。朋友們開始疏遠她、拉開距離。崔西採取對抗的方式，卻讓你覺得自己格格不入。她的創傷完全被揭露了，但這次她可以決定如何照顧創傷。

「我知道你想要對生活中的人毫不保留，但是我很好奇，是不是有個中間地帶，你覺得自己可以在誠實且坦率的同時，顧慮到對方的生命經驗嗎？」我問。

「從小到大，你覺得很受傷的一部分原因，就是父母沒有考量到你的生命經驗。你希望父母關注你的需求，而不是他們自己的需求。你會不會覺得，自己在複製父母的行為呢？你的朋友們希望你貼心點。也許，你現在要尊重別人的需求才會有所成長，就像小時候你也渴望自己的需求被滿足。」

　　崔西沉澱了一下，這番話引起她的共鳴。「這有點難以消化，」她說，「但是我聽懂了，也知道你說的沒有錯。」

　　崔西跟我說，她跟一個正經歷分手低潮的朋友說，那段感情拖這麼久真是有夠白痴，還說幸好是朋友的前任提分手，否則朋友永遠都不會離開。「那要是你的話，你會怎麼說呢？」她問。實際上，表達方式不一而足，但我建議崔西的說法是「你一定很痛苦，辛苦了。分手真的很難，你想聊聊的話就跟我說。」這樣就能發揮作用了。

　　崔西必須學著接受的是，不強硬並不代表就是逃避。

　　「你不覺得這裡需要調整一下嗎？」我問，「這些都是你的好朋友，陪伴你的人生很長一段時間的人，你信任的人和熟悉的人都愛你，但連他們都給予這樣的回饋，很值得思考唷。你覺得自己需要承擔哪些責任、正視哪些事情呢？」

　　「我知道自己很莽撞，也需要正視自己太過嚴厲和不貼心。這樣對朋友很不公平，我懂他們為什麼想要跟我保持一些距離。」

　　「你能不能說說看，為什麼一直以來都是採取直接又莽撞的溝通方式呢？這怎麼會掀開了你的歸屬感創傷？」

　　崔西哭了起來。從許多方面來看，她的朋友就是她的家人。她漸漸明白，這是展現個人脆弱的機會，既可以照顧自己的創傷，又可以尊重他人的需求。

　　崔西需要用關心和同理來取代她刻薄莽撞的溝通方式，但在她搖身一變之前，得先明白是什麼阻礙她採取溫和的溝通方式。她大聲重複：「不強硬並不代表就是逃避。」她需要提醒自己這

點，不過這句話中有件事實她正在練習接納：如果她繼續把強硬視為逃避的對立面，就會傷人傷己。她需要思考對方的生命經驗，而不是咄咄逼人。

不可思議吧？我們的創傷居然會在生命的不同階段被掀開，但在掀開的過程中，我們有機會走向療癒。崔西抓住機會表達了她的脆弱，正如我們所料，她的朋友們又向她打開了心房。

崔西擺脫慣性的方法可能與你不同，但你是否能想想自己的創傷，如何影響你在生活中跟人溝通的方式呢？想想看，也許就像崔西一樣，你對於歸屬感的渴望也影響了你的溝通方式。你是否很容易就依循大家的喜好，這樣就不會破壞現狀，讓自己更容易融入群體呢？還是你更加果斷，確保自己在溝通上有話語權呢？多多留意你自己的狀態。你也許可以探索一下以往學習溝通的榜樣，從小到大身旁成年人彼此溝通的方式、與你溝通的方式，以及這類溝通方式如何影響你的歸屬感？

連結自己、連結他人

薇洛妮卡準時在晤談時間出現。「還好嗎？」我問。很好奇她和伴侶是否能從一星期前的衝突中走出來、她是否嘗試表達自己的情感需求，而不是在諮商過程中那些脫口而出的批評。

「我整整一個禮拜沒跟他說話了。」她回答。

「喔？為什麼呢？」我問。

「他知道我在生氣，也有想要關心我的狀況，但是我到現在都沒有接他的電話，也沒有回他的簡訊。我大概會這幾天再回他吧。」

　　薇洛妮卡在溝通中展現的就是以退為進的姿態。她正在跟伴侶冷戰，選擇沉默以對而不是用言語來表達她的觀點。她在感情中打造了上對下的關係，她高高在上，而伴侶在卑微地請求原諒，為了不需要道歉的事道歉。這樣薇洛妮卡才能握有主控權。

　　以退為進型的溝通者會間接地表達他們的感受，而不是坦然地展現自己。他們很可能會言行不一。舉例來說，他們可能口頭上說沒關係，但你跟他們說話時，他們卻不看你一眼。他們也可能像薇洛妮卡一樣拒絕溝通，絕口不說對你的憤怒或沮喪。以退為進的溝通方式拒絕付出關愛、不讓對方接近，以此當作懲罰。

　　「你為什麼要懲罰他呢？」我問。

　　薇洛妮卡沒有回答。我們坐在那裡，我想對她來說好像一輩子那麼久。我不想去填補我們之間的沉默。我想讓她好好消化這個問題，準備好了再回答。

　　「大概我要他陪我一起受傷吧。」她說。

　　「你說可能會在這幾天內回覆，可是當你用這種方式懲罰他，要怎麼判斷最佳的回覆時機呢？」我問。

　　「只要他求我原諒他，我就會回覆了。我要知道他願意用盡方法來挽救現況、願意不計代價求我原諒他、重新討我的歡心。」

　　薇洛妮卡的自我價值創傷十分明顯，但她自己還沒有發現。運用以退為進的溝通方式讓對方就範，因為對方渴望與他連結，就會為了她鞠躬盡瘁，把她伺候得服服貼貼。這樣她內心才會覺得自己有價值。

　　這絕對不是你證明自我價值的方式，而是在彰顯掌控他人的

權力，從而打造了自我價值的假象，同時卻削弱了一段關係和關係中的各方。

但薇洛妮卡已明白，以退為進的溝通方式可以滿足個人需求，至少她是如此認為。她這樣就占了上風。大家爭相要討她歡心時，她就會覺得自己夠好，也會覺得自己很特別、很重要、受到對方重視。以退為進的溝通方式是為了保護她的自我價值創傷，最終卻導致一段又一段感情告吹。

薇洛妮卡的伴侶不去商店買東西時，她的自我價值創傷被掀開了。她第一時間的反應是以退為進：「我要好好給你教訓，讓你覺得很不自在，你才會想辦法證明我對你的價值。」但在前文提到的情況中，薇洛妮卡從來沒有真正陪伴自己的感受，也從來沒有表達過自己的感受。她從不連結自己的內在、也不處理自己的創傷，因此無法真正與伴侶交心、無法表達她的傷痛與低落價值感。少了與自己和伴侶的連結，她就無法踏上療癒的方向。

而這是她最後一次諮商了，此時不改、更待何時？

「你以退為進的溝通，正是讓你覺得自己沒有價值的原因之一。」我說。

薇洛妮卡滿臉吃驚地看著我。

「你這樣溝通的時候，對於自己有什麼想法？你這樣對待你在乎的人，那對於自己有什麼感受呢？」我問。

「我感覺很差啊，好討厭我自己。」

我們靜靜坐著，我暫時不說話，讓她感受自己話語的力量。

「你覺得，討厭自己對自我價值創傷有什麼影響？」

「傷得更深啊，」她回答「我這樣溝通的時候，真的覺得自

己不值得有人來愛、不值得進入關係。我其實覺得他應該離開我。」

施展權力和控制都是在保護自己。但你以操縱的方式來獲得權力和控制時，你的創傷實際上並沒有得到保護。薇洛妮卡並沒有因為強迫別人做事而讓她覺得自己有價值，就真的提升了自我價值。如果她能喜歡自己本來的樣子，不再去從事讓自己感到慚愧的事，她就會覺得自己更有價值。

「我不想再這樣下去了，」她說，「我的確實看到自己很愛測試別人、把他們推開，即使在我內心深處，我真的很想相信自己是有價值的，但我卻看到一再去證明自己沒有價值。我自以為得到的證明都是胡說八道。」

這對薇洛妮卡來說是重大的突破，過程充滿痛苦和激烈的情緒。她那段感情後來真的結束了，但從很多方面來說，這是很重要的生命經驗。她致力於改變自己與人對話的方式。她覺得受傷時，她會放慢語速，連結自己真正想表達的內容。她在說話之前需要好好消化，但她會在傷痛中尋找自我價值創傷，留意到自己想要迅速採取以退為進的溝通方式。她不再從「我要怎麼保護自己？」的角度出發，而是轉為「我要怎麼連結並保護這段關係？」這點值得好好咀嚼。

無論身處的關係為何，這都是值得思考的好問題。我要怎麼跟你對話才能保護「我們」？不要忽視這件事。「我們」裡面有我也有你，我們此刻的感受和經驗十分重要。我明白，不可能每次溝通或衝突都去思考這個問題。有時當下的情緒高漲就很困難，但如果你每隔一段時間就思考這個問題，想想彼此的關係內

溝通可能產生多大的變化。如果你在說出感受之前，思考一下
這個問題，可能會打開什麼契機？思考「我們」無損你的個人經
驗，也不是要你優先考慮別人，而是要你把這段關係擺在你自己
的旁邊。

　　無論你找到什麼創傷，是否能看看以退為進的溝通方式，是
設法去證明或否認創傷的過去呢？你選擇以退為進來讓別人讀到
弦外之音，是想逃避你覺得不自在的事嗎？你是否可能去思考，
自己在原生家庭學到的溝通榜樣，如何影響你現今選擇與人互動
的方式？

　　記住，你們可以同一個團隊。其實，你們只要停止互相對
抗，不再是你跟我唱反調或我跟你唱反調，彼此的連結就可能取
代脫節。當我們遠離殺傷力強大的溝通方式，就等於給自己和別
人機會，可以被看見、聽見和理解。我們也讓自己和別人有機會
再次以整體的視角，看待當下在發生的事。這個美好的轉變，能
帶我們連結彼此的內在。

腳踏實地

　　在前面的章節中，我討論過宮子和小金之間的問題，小金
有安全感創傷。雖然你對於宮子的背景不太熟悉，但她有不受重
視的創傷。你也許不會覺得意外，畢竟先前也讀了兩人的關係動
態，也知道宮子希望小金把訂婚、結婚擺在第一。

　　「宮子會冷靜理性個幾天，然後又開始煩我有關未來的事
情，我想說不是說好要一起慢慢來了嗎？」兩人離開諮商後進行
的多次對話與部分衝突，都令小金很不高興。

「宮子，你知道小金在說什麼嗎？」我問。

「知道啊。他不爽我一直堅持要履行當初說好的那些對話。」

小金插嘴說：「完全不是事實。我不是討厭聊我們的未來，只是不爽你跟我說話的語氣，不爽你有幾天腦袋清楚、有幾天又對我大吼大叫，說我需要放下自己的安全感創傷，一副語帶嘲諷的樣子，你甚至還會無視我。這樣不對吧！」

宮子的溝通方式雜亂無章。過去，她是今天說一件事、明天說另一件事；但現在她的溝通方式變來變去，可能今天溝通時語帶體貼和關懷、明天就變得咄咄逼人、隔天又變得以退為進。這讓小金沒有安全感，但我想深入了解宮子究竟怎麼了。

宮子是家中的獨生女，小時候父母都很忙、認真拼事業，但他們把很多時間和精力都投入到工作中，所以沒有多少時間陪宮子。而她的父親也是重度賭徒，只要是工作以外的時間，就會沉迷於賭博。

她父親只要賭贏了錢，就會態度和善、有愛又溫柔，會買禮物送宮子，心情好得不得了，願意分享自己的一天，也會對宮子的生活表示好奇。但他只要賭輸了錢，就會大發雷霆、難以親近，會叫宮子不要管他、不要煩他，只要宮子想要他的陪伴，他就會非常生氣。宮子只好去找母親尋求慰藉，但母親忙到無暇顧及宮子的情感需求。

我了解她的童年後，便覺得宮子混亂的溝通方式是在重複個人的成長經驗。宮子內心有不受重視的創傷，於是嘗試了書中每個溝通方式來強迫別人重視自己。

　　雖然具有不受重視創傷的人缺乏特定的溝通方式，但想受到重視的人確實可能無所不用其極，只為了獲得想要的結果。「如果我逃避溝通，可能受到重視嗎？如果我態度強硬會奏效嗎？如果我保持冷靜、鎮定和沉著呢？還是沒辦法嗎？」即不斷交替溝通方式，周而復始。

　　宮子對小金試過所有的溝通方式。雖然兩人的關係有稍微改善，但她對於改善的速度並不滿意。雖然我們努力地實現目標，但宮子不受重視的傷口被掀開了，在她試圖溝通的過程中，她簡直就是在亂槍打鳥，看看哪發子彈能擊中目標。

　　這個方法不僅不起作用，反而掀開了小金的安全感創傷。宮子漫無章法與他溝通，只會把他推得愈來愈遠，因為他感受到混亂和威脅，只想找到安全的避風港，這個經驗他再熟悉不過了。

　　有時在諮商過程中，你找到問題的根源時，反而會讓整個療癒過程慢下來。我們開始挖出深藏已久的東西，個案來諮商室原本是想在數星期內解答一個問題，結果卻花了更長的時間。這當然可能會帶來挫敗感，但看清楚全貌再做出決定，遠好過見樹不見林。

　　「我們目前的進展讓你的計畫一延再延嗎？」我問宮子。

　　她點了點頭。

　　我理解宮子的沮喪，也提醒她為何我們刻意放慢節奏。「宮子，你真正想跟小金說什麼呢？」我問。

　　她坐著幾秒鐘，然後抬頭看著我說：「其實我也不知道。」她滿臉困惑。

　　「好的，」我說，「那你希望小金對你表達什麼呢？」

「我希望他凡事會先想到我，還有這段感情對他來說很重要。」她馬上就知道答案了，「但是他在我面前的行為看不出來。」

「是他沒有身體力行給你看，或你覺得他展現得不夠快？」我問。

我看得出來她不喜歡這個問題，但仍然為此留出部分空間。「大概是不夠快吧。」

我之所以問這個問題，是因為我與小金和宮子已晤談了一段時間，我知道小金確實重視宮子，也重視彼此的關係。他不遺餘力地朝著訂婚的方向努力，同時也面對真實的自己。他不希望單純地求婚了事，而是要確認這是基於深層的愛、渴望、尊重和對彼此的承諾。他就快要碰到目標了，但宮子看到友人訂婚或結婚時，她不受重視的傷口就會被掀開。一開始，她會用冷靜和小心的口吻跟小金說話，設法催促他求婚。但小金感受得到她並不真誠。她接下來就會變得強硬，眼見發揮不了作用時，便改採以退為進的溝通。

我提到她雜亂無章的溝通方式跟她父親很像。「你以前發現過嗎？」我問。

宮子的下巴微微往下掉，開始哭了起來。「噢，天哪。」她停頓了一下，想讓自己冷靜下來，但眼淚卻不停地流下。最後，她直接轉向小金。「真的很對不起，我知道那種感受有多差，我絕對不希望給你同樣的感受。我想，我只要心生恐懼和懷疑，就會盡一切努力索討你的關注和重視。」

「但宮子，我真的很重視你啊。我愛你，我很期待一起打造

未來。我只是想要用對我們雙方都穩健的步調來進行。」

　　小金這番話發自內心，宮子確實很害怕，她不想成為一個傻瓜，也不想到最後尷尬又失望。但她並沒有說出自己的恐懼，讓彼此可以公開地表達感受，反而採取了會製造混亂、失去連結和更多懷疑的溝通方式。這正是她從小就極為熟悉的事。

　　在那次晤談中，我們接住了他們兩人的傷口，一邊關注小金的安全感創傷，一邊關注宮子不受重視的創傷。雙方都必須在對話中清楚自己需要從對方身上獲得的東西，他都需要以穩定又清晰的方式進行溝通。因為他們都覺察到彼此的原生創傷，所以他們才開始留意到彼此的情緒反彈，然後用好奇心取而代之。從旁觀者的角度來看，這十分值得佩服。

　　他們的好奇心替彼此開啟了許多全新的對話。兩人致力以誠實、脆弱又透明的方式來溝通。當然，他們偶爾也會陷入衝突和失去連結，但彼此建立了強大的關係，也都有信心攜手前進。他們可以真心信任對彼此的承諾，這就是關係的勝利。任何人都可以做出口頭承諾，但真正感受到與承諾相連的強大信心，則是有巨大的差異，這帶給小金安全感，也讓宮子覺得自己受到重視。

　　你是否能思考一下，在溝通中要如何保持情緒的平穩呢？過去是什麼阻礙了平穩的溝通？你是否能把關你自己想說的話，而不是亂七八糟地開頭呢？

　　記住，你需要先釐清的第一件事是自己到底想說什麼，你想和別人溝通什麼？這也是宮子當初糾結的問題。如果這對你來說難以確認，我第二個問題可能有助你好好挖掘。你希望對方向你表達什麼？這也許會讓你更接近自己的情感需求。

　　如果你能接納脆弱、思路清晰，揚棄混亂的溝通方式，同時保有良善、誠實和直接，你會想與對方分享什麼？又想聽到什麼樣的回答？

　　我們的目標是在每一段關係中，都能透過理智的溝通來尊重自己和別人；只要能表達我們的心聲，即使語帶顫抖，也是重要的勝利。一旦可以做到這點，同時去思考、在乎這些話產生的影響，就是尊重和愛的美好展現。

釐清你想說的話：未來的道路

　　你也許已猜到了，創傷可能藏於任何溝通方式。像艾麗這樣有安全感創傷的人，可能會為了避免衝突而被動地溝通，但其他有安全感創傷的人可能會變得咄咄逼人，因為他們認為唯有如此才能保證自己的安全。他們可能會覺得：「我只要比敵人表現得更強勢、更大聲、更兇猛，我就等於有了保護。而像崔西這樣有歸屬感創傷的人，可能會根據對周圍環境的解讀，進行被動的溝通。如果你要隨和才能獲得歸屬感，那被動的溝通方式就有其道理。你也許會發覺，你的溝通方式會因人而異。但我真正希望你開始留意的是，當創傷遭受攻擊，而你試圖保護自己好讓別人看到、聽到和理解，你通常都會選擇什麼避風港。

　　我希望我們可以一起探索幾件事。不妨回想一段溝通破裂的關係，現在只要專注於一段關係就好，你之後可以再按照需求多次練習。想想看，你和對方發生衝突時，你採取哪類溝通方式，現在單純辨識一下就好。你是被動或強硬的姿態？或是發現自己

是以退為進？或你的溝通方式欠缺系統，而是三者混用？這樣的溝通方式是如何保護你呢？

　　接下來，我希望你花點時間思考一下，你從小到大的家庭系統中，存在著什麼溝通方式？你目前的溝通方式是在重現，還是在對抗你過去觀察到的經驗？還記得崔西看見自己的對抗慣性後，是多珍貴的發現嗎？好好聆聽自己的聲音，看看你是否在嘗試類似的事。

　　你仔細檢視這段關係時，是否能找出溝通破局時被掀開的創傷？這個創傷又何以讓你無法展開清楚又直接的溝通呢？這個問題非常重要，探討的是限制條件。如果艾麗在回答這個問題，她也許會關注她與母親的關係，看見她的安全感創傷被掀開，進而成了清楚又直接溝通的限制條件。她覺得自己無法坦率說話，因為她會面臨母親的防衛心態與情緒勒索。如果是薇若妮卡在回答問題，她關注的會是自己的伴侶，說出她的自我價值創傷是限制條件。她會一再透過各種測試來獲得對方付出的證明，而不是以清楚又直接的溝通。

　　這是很了不起的覺察，但並沒有就此結束。這分覺察必須用來有系統地整理你的需求，再清楚地傳達需求，目標是從情緒反彈改為清楚、和善、直接的溝通：「你真正想說的是什麼？」正如本章開頭所提，你在表達任何事前，都得要釐清自己想說的內容，但釐清前又必須一層層褪去外衣。我知道需要思考的面向有很多，可能會覺得需要考慮和消化一大堆事才能開口，但我們已來到最後的階段，如果你想在生活中做出重大改變，就需要辛苦一點。

　　實際上，這就是你在此練習的原因。每當你在談話或衝突中要練習太費事了，畢竟衝突當下難以跟對方喊暫停、拿出這本書裡的步驟練習，光想就知道多麻煩！因此，現在就開始練習吧，認真地持續認識你自己、你的創傷、衝突和溝通方式，愈來愈清楚你的內在需求。你對自己了解得愈多，就愈容易駕馭當下。

你的自由

　　數年前，我讀到優異製片人、編劇暨作家珊達・萊姆斯（Shonda Rhimes）的一句話，總結了為何溝通如此重要。她說：「因為無論對話有多困難，我都知道困難對話的出口是平靜、是知識、是答案，可以展露性格、可以同意休戰、可以解決誤會。困難對話的另一頭是自由。對話愈困難，換來的自由就愈大。」困難對話的出口是答案、是未來道路的開端，而萊姆斯所說甚是，困難對話還能導向自由。但我得強調一件事，她所謂的自由需要你的覺察、需要有知有覺的溝通。假如你採取被動、咄咄逼人、以退為進或雜亂無章的溝通方式，便沒什麼自由可言；假如這個困難對話是由被掀開的創傷所主導，你準備要跟對方大吵一架，也沒什麼自由可言。各位讀者朋友，這反而會讓你們淪為人質。唯有你選擇用不同的溝通方式展開困難對話，才會在對話的彼端看到自由。

　　艾麗的自由源自與約會對象進行她一再逃避對話，袒露自己的脆弱面；崔西的自由則是要先對自己的溝通方式負責，才不會繼續維持安全感的假象，實際上卻是把別人推開；薇若妮卡的自由是要停止以退為進，替自己發聲來表達傷痛；宮子和小金每次

展開困難對話，向彼此透露更多生命故事後，也找到了愈來愈多的自由。

展開困難對話，不見得就會得到理想中的結果，但一定能帶來珍貴的收穫。真正的勝利可能不是別人聽到你說的話，但可能是你尊重自己的心聲；真正的勝利可能不是對方想要一對一交往，但可能是你願意打破長期的慣性，展現脆弱面、表達真實想法；真正的勝利可能不是再次跟朋友熟起來，但可能是你主動擔起責任，為自己過去的疏忽道歉。你之所以改變自己的溝通方式，是因為這樣更加尊重自己和別人，你也因此更加自由，因為你選擇不再讓生活被過去所圍。一切由你作主，永遠別忘記這點。

10

立下界線

在我過往的人生中，都不懂得如何立下界線。對此你可能並不感到意外，但假如你滿臉疑惑，我就來複習一下：假裝自己沒有需求，就無法立下健全的界線。我為了保持「酷酷」的樣子，假裝對一切都無所謂。我當時確信，如果我立下界線就會導致伴侶會離開我、或朋友對我失望和不開心，想到這點我就無法忍受。我想不惜一切代價維繫關係，甚至不惜犧牲自己的福祉。我想與大家保持連結，即使自己會失望或分身乏術也沒關係。「連結」就像是我的救生圈，只要我確保親朋好友都喜歡我，我就相信自己有安全感。

加拿大詩人奧莉亞（Oriah）的作品《邀請》（*The Invitation*）有一個句子：

我想知道的是，你是否能讓別人失望，只為了忠於自己。

我記得第一次讀到這首詩的這句時，不自覺地流下了眼淚。「我想知道的是，你是否能讓別人失望，只為了忠於自

己。」哎呀！真是一針見血。這與我以往習慣的人生恰恰相反，我寧願讓自己失望，也不願讓別人失望。我太害怕失去與親友連結，即使連結是假象也在所不惜。我害怕讓別人失望，因為我的父母離異，從小到大由他們輪流陪伴，必定沒辦法同時讓父母都滿意。我在過程中看見了痛苦、傷害與混亂。

也許你還記得，前文提到我父母經歷了長達九年的離婚訴訟。我只有七歲時，被叫到法官辦公室裡。法官對我說：「維耶納，我要問你一些關於爸媽的問題，我們的對話都會錄音，爸媽也會各自拿到一分檔案喔。」他接著提出一個又一個問題，像是我比較喜歡跟誰住在一起、比較喜歡哪個家、覺得哪個地方最自在。但我滿腦子想的卻是：「爸媽會聽到我的回答啊，我要怎麼樣才不會讓他們覺得受傷或失望呢？」

我真正聽到的問題是：「你要選擇媽媽，或是選擇爸爸？」我沒有想過可以有第三個選擇：「或是要選擇看重自己呢？」讓我目瞪口呆的是，整個過程居然公認適當。唉，我的安全感創傷導致的界線模糊問題也因此惡化。在此要聲明一下，孩子沒有責任要立下健全的界線，成年人絕對有責任營造環境來容納健全的界線。但由於以往都缺乏健全的界線，我學會了照顧他們的感受，而不是關注自己的感受。

一旦周遭的成年人缺乏健全的界線，你就會從成長環境中學會不能立下健全界線。選擇看重自己會覺得太不自在、太陌生、太自私，儘管有人主張這代表自私，但健全的界線其實並非如此。健全的界線固然是愛自己、照顧自己，但同時也會尊重別人。凡是立下健全界線的人，都會對信任的人敞開心胸。但不致

於過度分享，既重視自己的看法，也包容別人的觀點，溝通起來清楚又直接，可以自在地拒絕別人，也可以接納別人的拒絕而不覺得被人針對，懂得肯定自己的價值。

我的同事友人奈德拉・格洛弗・塔瓦（Nedra Glover Tawwab）就說：「立下界線的用意是要維繫關係。」界線是指你和其他人事物之間一條無形的線，這就像是一個無形的過濾系統，有助你區分關係中哪些事可以接受、哪些事不可以接受，也有助你釐清關係的規則、期望和條件，這樣就能感受與對方的親密與連結，同時覺得安全、受到保護與尊重。界線有助你讓別人了解你希望的對待，還有可以接受與不可接受的事，有助你口頭同意就代表內心同意，口頭拒絕就代表內心拒絕，這樣怨恨、倦怠、挫敗和憤怒等緒就不會把你沖昏頭。

在大部分的情況下，我們都希望立下健全的界線，但我得先坦承，有時保護自己絕對是當務之急。如果你正處於暴力的關係或不安全的情況，跨出原有的界線很可能在特定時刻救了你一命或確保人身安全。本章所列內容適用於你感到安全的環境。

兩類不健全的界線

我看到需要協助立下界線的個案時，必定分成兩大類：第一類個案的界線太鬆散，另一類個案的界線太僵化。兩者各自有不健全的面向，我們分別檢視一下。

鬆散的界線

我喜歡亞歷珊卓‧索羅門博士在《勇敢去愛》（暫譯，*Loving Bravely*）對於界線的說法。第一類是鬆散的界線，也就是我過去與人互動的方式。我可說是鬆散界線的最佳代表。我以前會慣性討好別人、害怕讓人失望、沒辦法拒絕，想確保每個人都很喜歡我。界線鬆散的人經常有相互依賴、過度分享、持續追求認可、默默容忍不良對待的問題，只為了想要與人保持連結或獲得好感。鬆散的界線就好比壞掉的柵欄，即使柵欄結構可能還圍在房子四周，但木頭早已腐蝕，上頭有很多大洞，門鉸鏈和鎖雙雙鬆脫，任何人都可以隨心所欲地進出。

界線鬆散的人通常避免修理自己的柵欄，因為這隱藏著風險和威脅。他們害怕被人嫌棄，也不希望讓別人失望或不高興。他們疲於消化別人強加的內疚感，深怕自己一旦表明立場，就會把別人推開或被當成難搞的人。也許你有朋友無法接受被拒絕，你就凡事都按照他的想法，以免任何衝突發生。也許無論你人在哪裡或在忙什麼，都必定會接起你母親每通電話，以免聽到她情緒勒索的話語。後文會教你如何處理這個問題，但目前你可以漸漸開始留意，生活中哪些關係的界線太過鬆散。

僵化的界線

相較之下，具有僵化界線的人絕對不去討好別人。

他們通常會避免與人親密與靠近，也可能很難敞開心房或向外求助。他們可能很難信任別人。具有僵化界線的人格外保護個

人隱私、避免展露脆弱，也可能會有嚴格的規則，在別人眼中看起來缺乏彈性又不合理。

還記得上文壞掉的柵欄嗎？不妨把僵化的界線想像成一道水泥牆，牆面高到連房子都看不見，既沒有大門也沒有出口，主要功能是把別人擋在外面，不可能產生連結。

還記得馬克和特洛伊嗎？馬克築起心牆就是僵化界線的例子，他築起高高的水泥牆，讓托伊無法接近他、無法聯絡他，也不知道他何時會回家。馬克一直與特洛伊保持距離，設法保護自己不受批評。

具有僵化界線的人通常會避免推倒高牆，因為這會帶來風險和威脅。僵化的界線本質是害怕受傷。具有僵化界線的人會優先保護自己，因為過去的經驗教會他們，凡是讓別人靠近，或他們自己敞開心房，壞事就會發生。

創傷有礙立下健全的界線

無論是不希望別人生你的氣、害怕讓別人失望、擔心受傷、不希望壞事發生，這些理由都有說服力，讓人不立下健全的界線。但你逃避健全界線的真正原因，是你的創傷被掀開了。

假如你的目標是不計一切代價地讓自己有價值、有歸屬感、受重視、有信任感或安全感時，你可以理解尊重自己的界線（或別人的界線）有多麼困難嗎？不妨想想看。

◆ 想像一下，你朋友連續好幾次臨時放你鴿子，但因為你的

歸屬感創傷被掀開，加上你學到獲得歸屬感的最佳方式，就是盡量要討人喜歡，所以你從來都沒表達自己不受尊重的感受。

◆ 想像一下，你朋友說他很累，真的要睡一下，但因為你內心不受重視的創傷被掀開了，你不願意接受對方拒絕自己，深怕感覺自己不重要，於是說他晚上不出門一起玩太可惜了，他一定要參加，否則你會不爽他。

◆ 想像一下，你約會的對象一直叫你敞開心房、聊聊你的感受，但你上次對伴侶掏心掏肺時，對方選擇跟你分手。你被安全感創傷給操控，所以維持著僵化的界線以保護自己。

這些全都是越界行為。你現在讓人越界是過去的經歷所導致，可能是你的觀察、可能是親身體驗、可能是別人的期待。

你的傷口被掀開時，就更可能立下鬆散或僵化的界線。而被掀開傷口是如何阻礙你擁有健全的界線呢？我們來展現一下好奇心。

◆ 我的創傷是 ＿＿＿＿。

◆ 我保護創傷的方式是立下（鬆散或僵化）的界線，具體行為是 ＿＿＿＿。

◆ 這帶來的快速解方是 ＿＿＿＿。

◆ 這個方法給別人帶來的影響是 ＿＿＿＿。

為什麼虛假的連結有礙溝通與界線？

我從艾麗的表情就看出了不對勁。

「一切都還好嗎？」我問，「現在這段感情還好嗎？」

當時她的戀情萌芽沒多久，但我已好幾星期不曉得近況。

「還可以吧。我覺得他可能沒興趣了。我也不知道怎麼了，但他最近幾次約會每次都遲到三十分鐘。我都要一個人坐在吧台區等他，有夠尷尬。」

「噢，艾麗，很替你難過，這感覺真的很不舒服，可以想像為什麼你會開始覺得不對勁。你跟他聊過這件事嗎？」我問。

「沒有，我什麼都不想說耶，因為我不想讓他不高興啊。我擔心假如我說了什麼，那就代表我們一定要好好談談了，然後他就會跟我分手。」

艾麗選擇優先跟麥克保持連結，而不是表達她需要的改變。她不想冒任何風險，以免失去這段關係，所以她逼自己委屈接受這樣的對待：「我寧願面對不被尊重，也不願意冒著感情告吹的風險。」她選擇維繫這段關係，而不是立下健全的界線。

在艾麗看來，選擇內在消化一切、假裝什麼事都沒有，帶來更大的安全感，導致她不去立下健全的界線，以免帶來衝突、犧牲感情。在她成長的過程中，她從母親身上學會了這件事，她也看著父親做同樣的事。她寧願放對方一馬，也不希望發生衝突。

「艾麗，你有沒有發現他在侵犯你的界線呢？」我問。

「我知道，可是他的理由都很充分。有天晚上是他不得不加班到很晚，有一次是他要先帶狗去散步才能赴約，還有一次是他

媽打電話來需要幫忙。難道我應該叫他不要管那些事情嗎？」

　　艾麗拼命找各種藉口來避免立下界線。上面這些當然都可能是真話，但並沒有改變艾麗仍然需要表達個人界線的事實。麥克有責任改善他的時間管理，麥克有責任早點通知，或好好安排當天行程以準時約會。也許，他需要把時間往後延三十分鐘，這樣就不會讓艾麗一直空等。這些都得由麥克自己來釐清才行。當然，我們有時都會被工作耽擱，狗狗也確實需要外出上廁所，幫家人的忙也無可厚非，但這些都不是問題的關鍵。如果艾麗想要有一段具真實連結的感情，就需要從鬆散的界線（不惜一切代價與對方保持連結）改為立下健全的界線。

　　艾麗已知道自己在避免立下健全的界線。但我希望她能釐清的是，維持鬆散的界線是想要得到什麼東西。「你覺得是什麼呢？」我問。

　　艾麗是為了確保麥克不會生她的氣、不會拋棄她，這正是其首要之務，而她被對待的方式並不重要。

　　我們開始立下健全的界線時，我必須讓艾麗知道這可能會勾起她的安全感創傷。我們面臨不熟悉的人事物時，一開始通常會覺得打亂了本來的步調。儘管客觀來說，立下健全的界線是一件好事，但艾麗會把它當成一件陌生的事來體驗。陌生等於未知，陌生等於不確定，陌生會讓人覺得有風險。她過往沒有任何證據能顯示立下健全的界線就有用，所以她加以逃避也就不足為奇了。

　　艾麗要從鬆散的界線轉而立下健全的界線，就要冒險撕去連結的假象來尊重自己。健全的界線代表艾麗得向麥克表達他約會

遲到的影響，即使她知道對方沒有惡意也是一樣。健全的界線代表艾麗要勇敢地邁向自重，同時也尊重麥克的需求。

　　艾麗的安全感創傷會驅使她保持沉默、假裝沒事，不必冒著失去感情的風險，但她要踏上療癒之路，就需要採取不同的方法。唯有創傷與健全界線兩相配合，才能實現長期的療癒。

　　「你覺得自己可以怎麼表達呢？」我問艾麗。

　　「我大概需要說，我理解計畫趕不上變化，但是我也希望他能尊重我的時間、準時赴約。我也許可以直接告訴他，他每次遲到的時候，我真的覺得好丟臉，想說這樣也太沒禮貌了。」艾麗在練習立下健全的界線。

　　「很棒唷，」我說，「你的安全感創傷想要保護你，但是創傷跑出來主導的話，其實無法真正保護你，反而保護了你擔心的事情，犧牲了自己。你發現了嗎？」

　　「當你不替自己立下健全的界線，就無法在關係中建立真實的連結。你反而是在退縮，抓著連結的假象。有時候，立下健全的界線會讓一段關係結束。我知道想到這個就會很難受，但是你的目標是要建立坦率、真實又連結良好的關係，應該不會想要維持關係的假象，那樣並不是療癒。」

從鬆散的界線到健全的界線

　　假如你的界線鬆散，我希望你思考一下，在你的生活中哪些關係或互動讓你漸漸出現討好型人格。我也希望你思考一下，害怕讓人失望的源頭在哪裡，以及為何很難拒絕別人。為何你需要

看到大家都高興呢？其中蘊藏了什麼生命故事？為何你學會讓別人不當的對待，默默獨自承受呢？我可以保證，這其中必定有故事。我想鼓勵你思考以下列出的問題：

假如是艾麗回答問題，以下是她可能給出的答案。

1. 你立下鬆散的界線是要保護什麼創傷呢？	1. 我的安全感創傷。
2. 假如你改而立下健全的界線，你擔心會發生什麼事？	2. 我擔心伴侶會拒絕溝通、產生戒心或是離開我。
3. 這個恐懼讓你想起什麼事？	3. 小時候跟我媽的相處。
4. 你維持著鬆散的界線，是想要凸顯或重視什麼事？	4. 我要重視跟麥克的連結，確保他不會離開我。
5. 評估你需要什麼，才能既尊重自己，又可以保有安全感。	5. 我希望我的時間受到尊重，但也希望這段關係可以持續下去。
6. 評估你覺得對方需要什麼，才能感受到你的尊重。	6. 我覺得麥克希望我知道的是，他沒有惡意，雖然遲到但並不是壞人。
7. 表達你的界線。	7. 麥克，我真的很喜歡跟你出來聊天，也很享受約會的時光。我希望你可以準時赴約，或把約會時間延後，這樣我就不必空等你三十分鐘了，不然你這樣並不尊重我的時間。

　　猜猜看，如果她維持鬆散的界線會發生什麼事？她不斷在前三個問題打轉，安全感創傷讓她無法立下健全的界線，因為害怕健全的界線讓她想起往事。明白了嗎？是恐懼在維持這個鬆散的界線，她便只能一直在原地踏步，而你也同樣在原地踏步。

　　健全的界線要你踏出舒適圈。哎，我知道這知易行難，畢竟我是過來人。但你為自己勇敢一次，就可能改變人生的軌跡。

我的勇敢之舉

　　我是基於個人經驗和專業知識來討論界線。而我是體驗了人生一個重要時刻，才真正拋棄鬆散的界線，立下健全的界線。我快三十歲時，跟我當時心目中的「真命天子」交往，但才在一起沒多久，他的前女友就想跟他復合了。他一頭霧水、壓力很大，不知道該怎麼辦。我當時還處於「酷酷」的階段，所以我跟他說慢慢來，說我理解這對他來說很不容易，我也樂意支持他的決定，心想：「如果我表現得超級好相處，他就會想和我在一起吧？」我差不多就是這樣的內心狀態。

　　但有天在跟朋友的聊天過程中，我發現自己在重複童年扮演的角色。我對自己明明在意的事佯裝無所謂的態度。他和前女友見過面、也聊了很多，釐清彼此是否要復合，而當時還是他女友的我，卻假裝不以為意，心想：「不要太難搞、不可以有需求，不然他可能會離你而去。」那天，我清楚地意識到這點，我受夠扮演這個角色了，也受夠假裝沒事了。

　　在忍受了數星期後的一個晚上，我終於開口了，至今還記得我對他說的每句話，藉此立下了健全的界線。我打電話給他，緊

張地說：「我沒辦法接受你現在做的事情，你的處理方式不尊重我，也讓我覺得沒臉見人。你一直以為自己設法在我和她之間二選一，但是其實你要先好好地面對自己，可是我沒看到你在面對自己。我要把這件事情單純化，不給你機會了。」

那天晚上，我向他提了分手，再也沒跟他說過話，一次也沒有。我哭了好幾個月，太慘了。我曾以為自己會跟他共築未來，但一旦我恍然大悟，原來自我價值的創傷讓我無法立下健全的界線，原來我把自己在原生家庭的角色帶進這段關係，簡直是這輩子最大的當頭棒喝。

如果由我回答先前的問題，答案應該會像下面這樣：

1. 你立下鬆散的界線是要保護什麼創傷呢？	1. 自我價值創傷。
2. 假如你改而立下健全的界線，你擔心會發生什麼事？	2. 我擔心他會離開我、跟前女友復合。
3. 這個恐懼讓你想起什麼事？	3. 有些人事物比我的感受更重要。
4. 你維持著鬆散的界線，是想要凸顯或重視什麼事？	4. 不當的對待。
5. 評估你需要什麼，才能既尊重自己，又可以保有安全感。	5. 我需要表示他的行為很不尊重我，也需要坦然接受任何結果。
6. 評估你覺得對方需要什麼，才能感受到你的尊重。	6. 善良、體貼、看見他的為難。但我也需要直接說出心聲。

7. 表達你的界線。	7. 我沒辦法接受你現在做的事情，你的處理方式不尊重我，也讓我覺得沒臉見人。你一直以為自己設法在我和她之間二選一，但是其實你要先好好地面對自己，可是我沒看到你在面對自己。我要把這件事情單純化，不給你機會了。

凡是涉及到個人界線時，你的勇敢之舉會是什麼呢？你與創傷的關係無比重要。你選擇立下健全的界線時，就必須看見並正視你的創傷，這樣創傷就知道你願意冒險。但冒險分成有知有覺、深思熟慮的行動，以及有勇無謀的魯莽行動。你的功課是要進行第一種冒險。

你現在很了解自己的創傷、很清楚為何自己的界線鬆散，以及這類界線保護你不必處理難以面對的人事物。但我希望你思考一下，健全界線取代原先鬆散界線後，溝通起來會是什麼樣貌？我希望你帶著覺察、認知自己要冒的風險，也希望你說說為何冒這個風險很重要。

◆ 我目前的鬆散界線是 ＿＿＿。
◆ 我與人溝通想要有健全的界線，例如 ＿＿＿。
◆ 我冒的風險是 ＿＿＿。
◆ 但我之所以要冒險，是因為 ＿＿＿。

◆ 無論結果如何，這對於療癒原生創傷的好處是 ＿＿＿。

　　你做得很棒！留意一下日常生活中，可以用健全界線取代鬆散界線的時刻。假如你在那個當下就有所覺察，那就太厲害了！假如你是事後才發現，就反思可以怎麼立下健全的界線。你甚至能預測與誰相處時，常出現鬆散的界線。預先思考健全界線可能的樣貌，然後嘗試付諸實行。

從僵化的界線到健全的界線

　　東尼的父親一直對東尼的母親家暴，直到有天東尼變得身強體壯了，才終結了這種暴力行為。他這輩子都在避免與人談戀愛，因為他深怕失去愛和連結，就像母親受到家暴後情感抽離一樣。

　　東尼幾個月前認識一個女生，跟我說他有多喜歡對方。女生聰明風趣，深深吸引著東尼，而女生也對東尼感興趣。「我們約會過幾次，都很愉快。」他害羞地說。

　　「你們聊天聊得如何呢？」我問。

　　「這個嘛，大部分時間都是她在說話，還問了我很多私人問題，真的很多。」

　　「聽起來她很想了解你。那是什麼感覺？」

　　東尼覺察到自己很難與人親近。他在內心築起了一道牆，別人很難越過這道牆去了解他。他也不願意好好了解別人，鮮少主動提出問題。他的防備心很重，雖然其中有充分的理由，但也讓

他無法進入伴侶關係、無法連結、無法療癒。

「老實說，我覺得好難又好沉重。她只要問到我的家庭，我甚至會在情緒上有點反彈，但是可能因為進行諮商一段時間了，我知道這只是創傷的反應。」

這是東尼非常了不起的洞見。我很佩服他既能覺察自己的感受，也能好好觀察自己。

「你覺得稍微敞開心房會是什麼感覺呢？」我問。

「可能跟死一樣不舒服，」他說，「但是我想自己一定要試試看。我不想永遠待在這些牆壁的後面。我知道，如果我不試著走出來，就永遠無法跟任何人親近，我永遠不會付出愛，永遠不會有真正的連結，永遠不會有伴侶關係。而如果我這麼做了，我會一直讓對方失望。如果我繼續這樣下去，就好像我爸贏了一樣。這有點奇怪，但是我覺得在某些方面，我打破這些牆也是我在表明立場，就像你從我媽身上奪走了一些東西，但是你沒辦法把我的東西也奪走。這樣說你聽得懂嗎？」他問。

當然懂，東尼這番話意義深遠，刻意跨越心牆是他療癒的一部分，是他在自己與父親之間立下界線的方式：「我不會讓你奪走我的愛與連結、我不會讓你阻礙我重視自己的關係或向別人敞開心房。」我們也逐一檢視了相同的問題：

1. 你立下僵化的界線是要保護什麼創傷呢？
2. 假如你改而立下健全的界線，你擔心會發生什麼事？
3. 這個恐懼讓你想起什麼事？
4. 你維持著僵化的界線，是想要凸顯或重視什麼事？

5. 評估你需要什麼，才能既尊重自己，又可以保有安全感。

6. 評估你覺得對方需要什麼，才能感受到你的尊重。

7. 安心地移除界線。

　　他很快就給出答案：「這種界線是要保護我的安全感創傷，我害怕假如對她敞開心房，我的感情就會愈來愈深，然後她就可能會離開，留下我一個人心碎。這讓我想起我媽的事。我想要凸顯的是，保護自己免受任何痛苦，但是我需要為愛冒險。她則需要我敞開心房。所謂安心地移除界線，就是我嘗試先分享一件事試試水溫，然後也許我會就此多加分享一些。」

　　從僵化界線改為健全界線是漸進的轉變，而是朝著敞開心房的方向小步前進，與你信任的人分享你的心聲。

　　在討論界線時，我很少聽到大家談論僵化的界線，沒有像鬆散界線那麼常被提出來。社群媒體上有關界線的迷因往往把重點放在立下界線，鮮少提及移除界線，但移除界線也同樣重要，這也屬於勇敢之舉。僵化界線轉變為健全界線的過程中，不必門戶大開讓所有東西進來。東尼不可能一次傾吐他所有的生命故事，也不會立刻掏心掏肺、放下所有內心防備。這種轉變會是漸進的過程。

　　你開始移除一條界線時，必須一點一點慢慢來。記得，健全界線仍然重視自我保護，只是不會因為保護而忽略連結。東尼的目標是正確拿捏保護和連結的平衡。如果你開始拆除一道牆，你可以先拆掉 5%，稍微感受一下。如果你開始打造一道堅固的柵欄，可以先蓋個 10%，看看能提供什麼保護。你既不必拆除整道

牆，也不必在周圍建起嚴密的堡壘。

　　界線的拿捏沒有絕對完美的比例，但我建議你先跟真正信任的人訴說一件事，看看效果如何，然後再進一步敞開心房，或嘗試找別人分享。選擇阻力最小的方式：分享一些不太私密的心事，最好是即使對方給予負面回應，你也不會覺得大受打擊。

　　不健全的界線會讓你原地打轉，療癒就不可能發生。你可能會發覺自己容易立下鬆散的界線或僵化的界線，但也可能會發現自己的界線類型並不固定，或是跟特定的人有特定的界線。我們的界線類型可能因人而異。無論你對於自己或人際關係有何發現，現在應該要跳出這個迴圈了，脫離能快速解決問題的假象，慢慢地立下健全的界線，讓創傷明白你的自我價值、歸屬感、受人重視與否、信任感和安全感，都不必奠基於缺乏保護或膚淺連結的生活。你可以既有安全感，並且與人維持真誠的連結，而在健全的關係動力中，周圍的人不僅會展現支持，還會陪你一同慶祝。

Part4

重新接納自我

11

🌿

堅持到底，就能改變人生

我們談感情、交朋友、當父母時，幾乎肯定會注意到自己重複童年經歷的創傷。我們父母的創傷成了我們的創傷，而我們的創傷又成了孩子的創傷，這是人之常情，但並非無法避免。打破這個模式（或至少認知此事）是本書的任務，也是我畢生的任務。你可以開闢一條全新道路前進，但關鍵是理解你的原生故事，有意識地選擇如何整合知識、邁向新的未來。否則，「重複與對抗」這對邪惡雙胞胎仍會握有主導權。

我向個案說明重複和對抗時，我都要他們想像一個鐘擺的擺動。許多人都會從一個極端擺向另一個極端，一再無意識地重複慣性或對抗慣性。但你在擺動時，其實缺乏控制權，而是陷入混亂。這並不是生活的方式，還有不同的方法：整合。

整合是鐘擺的中心點，即所有重力球聚集在一起，停止失控的運動。整合位於兩個極端反應之間，也是你體驗平靜和踏實感的空間。你藉由了解原生創傷、花時間與痛苦共處、消化你所接收的訊息和你附加的意義，才能達到整合的目標。

整合是把自我各個部分整合的練習，即你的內外合一，你的

每個決定符合你認知的真實，你的行為和待人符合真實的自我，而非受傷的自我。你不會遭到恐懼、不安全感或未癒合的原生創傷所操控，而是可以把支持目標的行為付諸實踐。

更棒的是，改變確實可能發生。我不需要援引研究來佐證，我自己非常清楚，因為我有幸能在日復一日地的工作中，看見許多個案的改變。我們透過神經可塑性，即大腦的改變能力，也可以證明這點。雖然這樣的重整與重組在我們年輕時較容易，但成年後依然可以使用。研究顯示，我們每天只要好好運動、增加大腦血流量、學習新事物並保持專注，就能提升神經可塑性。因此，練習過程中保持開放和好奇心，就足以改變人生。

如果你讀到這裡，就是正在實踐了，因為閱讀本書的過程中，你必須保持開放的態度。你用全新觀點檢視自己、生命故事、信仰和經驗，正視過去難以正視的事，也看到自己曾助長不良慣性。讀者朋友，你現在做的功課能改變人生，真心不騙。

目前為止，你可能已發現你就是改變自己的唯一人選。你可以選擇回應的方式、處理衝突的方式、溝通的方式、想要立下或移除的界線。別人的回應不是你所能控制，假如你等他們邁出第一步，可能會等上很長一段時間。

我不希望你低估自己要做的功課，你在關係中重複數十年的習慣是種自動導航，都是趁你缺乏覺察的時刻、趁你視而不見的時刻，來重複一模一樣的慣性。你可能不自覺地就有同樣的反應、同樣的衝突、同樣的以退為進溝通方式。這就是為何你可以讀著這本書、乖乖練習、每個章節都點頭如搗蒜，並且內心產生深刻的共鳴，想到自己才短短幾週就發現，自己回到自動導航模

式。

我知道，這聽起來有夠挫折。

但這也沒關係。我想提醒你，改變不會出現在一夕之間。整合是一種心態，但也是一個過程，不會一下子發生，而是一點一滴地改變。你會一次次地推動小小的轉變，日積月累下來，這些小小的轉變會產生愈來愈大的轉變。我想起史上公認最優秀的阿根廷足球選手梅西（Lionel Messi）說過的一句話：「我都很早開始練習、很晚結束練習，年復一年，我花了十七年一百一十四天才一夕成名。」如果你連小事都還沒有實踐，就設定了無法達成的目標，就會覺得自己注定要失敗，進而對自己失去信心。你的各種勝利就藏在過程中。

這個功課不僅是人際關係品質的關鍵，對於你的身心健康也十分重要。我們知道，成年人滿意自己的伴侶關係時，身心健康都勝過身處不健全關係中的成年人，但不僅僅是伴侶關係如此。哈佛大學進行了一項長時間的研究顯示，五十歲最滿意自身人際關係的受訪者，到了八十歲時最為健康。哈佛大學精神分析學家喬治・華倫特（George Vaillant）在一九七二年至二〇〇四年期間是這項研究的主持人，他表示其中有兩大要素：「一個要素是愛，另一個要素是找到應對人生的適當方式，才不至於把愛推開。」騰出容納愛的空間，正視遠離愛、阻礙愛的理由，真的好處多多。

你如何為真正的愛騰出空間？你如何為連結騰出空間？你怎樣才能安心地為親密關係打造空間呢？你如何不再助長阻礙愛或推開愛的事？你已付出很大的心力探索這些問題了，也知道自己

未解決的原生創傷會大大影響自己的前進。

無論你是否有意識，只要拿起這本書、翻閱這些章節，你就已開始在愛情、友情和親情中，為真正的愛、連結與親密騰出空間了。但如果你想讓正向的效果持續，就必須一輩子努力實踐。

這樣說並不是要刻意嚇你，恰恰相反，我覺得更難的是承擔壓力去釐清與實踐。我的意思是，你有一輩子的時間來釐清此事，也有一輩子的時間提升當下的覺察力、做出不同的回應、不斷地調整自己，按照不同的內心目標在衝突中找到方向。

每當你認知到自己以退為進、選擇採用不同的方式溝通，改變就會出現；每當你負起責任，而不是像平時努力辯解，改變就會出現；每當你提醒自己，遵循自己的本心比追求別人的肯定更加重要，改變就會出現。

另外我也要指出，提升覺察力絕對值得。缺乏當責的覺察力只是知識。你不能僅僅依靠知識來活出真實、自在又平靜的人生。當責的覺察力是智慧，成長就會在此發生。沒有智慧，整合就不會發生。

真我先行

如果你習慣用犧牲真我來換取依附，或即使你只是偶爾如此，這項功課的部分練習就是要找回你的真我。這不是一件容易的事，因為社會都叫你把其他事擺在前面，而忽略了真實的自我。但這個挑戰值得接下，你必須重新建立自我的價值、歸屬感、安全感和信任感，而不是以為你必須改變自己、從別人身上

獲得肯定。

　　我們的原生家庭往往是我們首次犧牲自我的地方。如你所知，周圍可能有許多說得出口和說不出口的壓力，逼得你要放棄、背叛或辜負真實的自己去照顧別人。有時是真的要照顧別人，有時改變自己是要避免成年人的情緒反彈、憤怒、壓力或失望。但你的責任絕對不是要管好別人的情感經驗，他們有責任當自己的主人。如果你不得不替他們出頭，或要戒慎恐懼地跟他們相處，我真的十分替你難過。但你在當前的生活中其實有自主權。在此要特別說明的是，我並不是叫你不要關心別人，而是建議你不要扛下消化別人情緒的重擔，這樣只會背叛真實的自己。不妨好好思考這點。

　　「真我先行」是要你停止委曲自己，要你不再重複很久以前學會的事，改把心力專注在真實的自我。花點時間想想看，你目前在哪些方面委屈自己，只為了可以中選、獲得接受、認可或關愛。你是否問過以下的問題：「我要成為什麼樣的人，對方才會願意跟我在一起？願意陪我走一輩子？願意愛我？願意選擇我？願意重視我？」你覺得自己需要假裝嗎？你是否執著於腦袋裡對方希望你成為的人，而不是連結內心真實的自己？提出這些問題、回答這些問題都可能讓人不自在，但答案（有時單純提問）會透露多年所習得並選擇的行為，這都是為了生存並滿足需求，但這些行為如今不再必要。你過去需要採取的行為是想要打造價值感或歸屬感、想要受到重視，或想要為自己建立信任感或安全感，但很可能現在阻礙你得到理想中的關係。這是當前功課的重要環節：評估你想要保留的東西，逐漸放下不再有用的東西。

　　當然，我們都希望被人需要、希望有人陪著我們、愛我們、選擇我們。但我們至今用來獲得所需的方法，反而讓我們更難達成心目中的結果。想想看，當你為了愛委曲求全或裝腔作勢，就無法知道你是因為真實的自己而有收穫，或是因為你戴上的面具而有收穫。想要信任別人給予的東西，唯一的方法就是做你自己。這也許不是翻天覆地的論點，但依然有衝擊力。

　　我想在此點明，選擇自己並不等於自私。選擇自己意味著尊重真實的自我，意思是能抬頭挺胸，說出你的真相，不為了別人背叛自己。這實在很難，真的很難，而當下場是被批判、羞辱、拒絕甚至否認，更是難如登天。但你真正做到時，一股平靜感會湧上心頭，你會發現真相難以接受卻讓人釋懷：「如果你反對我、批評我，甚至嘲笑我，其實都沒關係。我知道，對我來說是事實就好，正因如此，只要歸屬感在自己身上，就能體驗到自由。」自我主權如此才會誕生，而不是自動出現的結果。

　　每當你犧牲真我來換取依附，就會揭開一個創傷。你透露的是希望別人來暫時緩解創傷。你為了融入而口是心非時，能緩解沒有歸屬感的恐懼；你在伴侶面前假裝沒事、其實很在意時，能緩解不值得愛的恐懼。你交給別人來暫時緩解你的創傷，而不是自我照顧來達到一勞永逸的緩解。

　　重要的是，你要盡可能身處可以活出真我的環境之中。當然，這可能不是你現在真實的環境，但久而久之，這是你要追求的改變。有時，生活中要求你違背真我的人就是你自己（我必須把部分血淋淋的實話留在最後一章）。你是否可以認出生活中有誰叫你不要做自己呢？也許可以花點時間思考，你犧牲真我後得

到了什麼？

　　目前為止，你實踐書中的一切練習引領你來到此刻。如果「真我先行」仍然讓你覺得困難，這就代表你的傷口仍然太痛，所以無法做到。不必對自己感到沮喪，只要保持好奇心就好。你內心深處絕對知道自己的需求，因為這類資訊一直都有出現，你可能需要學會解讀身體的訊號。

　　但如果你已準備好接納「真我」，那不妨開始看看，你在生活中哪些時刻最不能做自己？是你想融入的時候嗎？或是你想有團體歸屬感的時候？是跟父母相處的時候嗎？還是與友人相處的時候？或是約會的時候？我們做了很多功課來找到原生創傷，但現在你得檢視自己的人際關係和環境，確認哪些地方讓你無法呈現真實的自己。現在，挑選一段關係，想想你是否犧牲了真我來換取自我價值、歸屬感、對方重視、安全感或信任感。你是否在約會時，假裝喜歡你其實不喜歡的東西，只是為了給對方留下好印象？你是否會為了減輕家人的壓力，而接受了你其實會感到不自在的事？留意你做的每一件事。

　　我要給你一個挑戰：以活出真我的時刻取代違背真我的時刻。好好冒險一下，在低風險的情況下勇敢嘗試，看看感覺如何。留意你被環境迷惑的時刻，留意你選擇違背真我的時刻，等到你有個人空間時，再回過頭來思考原本可以做什麼，或可以如何回應來尊重真實的自我。

　　活出真我並不是一蹴可幾的事，但你可以在時時刻刻都強化，認知到你自己握有選擇權，可以選擇擁抱真我或犧牲真我，選擇重視別人或重視自己。你漸漸放慢步調後，就能看見自己

有選擇權，讓你應用對於自己和別人的認知，開始堅持下去。

按下暫停鍵

　　以前只要有人叫我數到十再回答，我都會覺得很煩。我從一開始數，每數一秒就更火大。問題是，我不知道該怎麼利用這十秒、不知道要專注在哪裡、也不知道如何善用這段時間。

　　大屠殺倖存者、作家暨精神病學家維克多・法蘭克（Viktor Frankl）說過一句名言：「在受到刺激與做出反應之間還有一個空間，就是選擇回應的力量。我們的回應蘊藏著成長與自由。」當然，有些事會讓選擇更加複雜，不僅是單純做出不同的選擇而已，對於經歷創傷或複雜創傷的人來說更是如此，但他所說的空間，就是我們要學會按下「暫停鍵」。

　　所謂按下暫停鍵，是你留意到創傷被掀起的時刻，是你選擇自我調節的時刻，像是出去散步、聽舒緩心情的音樂、活動身體、有覺知地呼吸、或跟你信賴的親友擁抱。按下暫停鍵是你提醒自己落入了慣性，按下暫停鍵是你開始問自己類似下列的問題：「這個情況是否似曾相識？這裡有什麼原生故事？我通常都怎麼回應？我的前方有什麼機會？我現在能帶給自己什麼療癒？我可以如何改變來跳出這個迴圈？」

　　按下暫停鍵，就是覺察力進入的時刻。現在你讀了這本書，知道該去哪裡找答案。你現在明白自己的情緒反彈，帶你看見依然隱隱作痛的傷口。你有機會對自己抱持著好奇，而不是又掉入相同的慣性迴圈。暫停給予你照顧創傷的空間，好好辨識、看見

和面對悲傷，最終再去轉向。

你不可能一瞬間全部都做到，但你也許能表示自己需要一點時間來消化，也許能選擇傾聽而不是介入，最終可能會與對方共同經歷即將發生的事，進而深化彼此的關係。

你能否回想最近一次的吵架嗎？吵架的對象並不重要，只要腦海有畫面就好。你還記得被什麼事激怒，自己又是如何反應的嗎？現在，我要你想像自己做出反應前的那一刻。你假裝拿起電視遙控器、按下暫停鍵，看到面前靜止的畫面，就這麼簡單。現在我要你留意、檢視並分析這幅畫面。你看到了什麼？正在發生什麼事？誰在不高興？你從何得知？你的肢體語言透露了什麼？對方的肢體語言透露了什麼？如今，在這個暫停的時刻，我希望你能思考一下你會做什麼。

有鑑於你對自己創傷的認識，你想在這個暫停時刻給予自己什麼？你要如何帶著關愛來照顧自己、尊重自己？我鼓勵你好好思考，可以把答案記錄下來，可以閉上眼睛練習一下，甚至可以與別人分享這些心得。

你愈常按下暫停鍵，就會愈變得嫻熟。我也要提醒你，練習通常是事後才發生。你在激動的當下，你可能不會留意到暫停鍵，或即使留意到也仍然叫它滾蛋，或留意到了，可是當局者迷。你可以在事後好好練習，經常都是如此。

回想一下大小吵架、關係破裂和情緒反彈，然後反思一下：「假如我能按下暫停鍵，我會對自己有什麼了解？我會看到什麼傷口被掀起了？我的反應程度真的符合眼前的情況嗎？我要採取什麼應對方式，才能讓療癒發生呢？」

正如法蘭克所建議，你愈常按下暫停鍵，愈懂得重視刺激和反應之間的空間，你就愈能促成你理想中自我和人際關係的改變。在這個內在空間裡，你可以選擇讓自己平靜下來，也可以選擇體驗熟悉的傷痛。當我們開始學會善用這個空間，就能讓自己踏上療癒和自由的道路。

平靜與受苦

我從個人的諮商工作中，明白絕大多數人都不喜歡受苦，你很可能也是如此。我這樣說也許有點武斷，但如果你正在讀這本書，很可能就是想要減輕自己的痛苦。

我在學著按下暫停鍵的過程中，對我最有幫助的提問如下：「我接下來要說的話或要做的事，會讓我平靜下來或繼續受苦？」但在我們深入探討你的答案之前，你必須清楚自己對於平靜與受苦的定義。這兩個詞在你心中有什麼意涵？又帶給你的身體什麼感覺？

實際上，即使你選擇想要平靜，也不見得必然會覺得輕鬆自在，而選擇受苦也可能感覺更單純，沒有帶來張力或摩擦。想想看：假如選擇平靜就是選擇真我，但也代表你會遭到拒絕，這個選擇就可能讓你覺得排斥和不舒服，這項功課就是因此才棘手。但我們的重點不在短時間的感受，而是長期前進的方向。我們不妨把問題修改得更加聚焦：「考量到我的原生創傷和療癒目標，我接下來要說的話或要做的事，會讓我平靜下來或繼續受苦？」

你不見得都有辦法選擇平靜而不是受苦。事實上，我們先把

標準放低。如果你一開始就能覺察到自己的決定，那就是重大的突破了。凡是有助療癒的決定，確實都會遇到一些阻力，這本來就在意料之內。

但時機成熟時，你就會用平靜取代受苦，即使你覺得辛苦、不自在、不喜歡也一樣。關鍵在於去傾聽你內在的聲音，確定你要的選擇、選擇背後的原因，你就會感到有足夠力量接納不舒服，因為以不同方式回應並對你的療癒負責，正是尊重自己和愛自己的表現。

愛自己

你聽到「愛自己」這句話時，通常會想到什麼？我曾把愛自己與自我照顧混為一談。我以為愛自己就是享受按摩或泡泡浴、親近大自然、做些事來充電，這些絕對都是愛自己的一部分，但我好好思考「愛自己」時，才得出了以下的定義。

愛自己是給予自己慈悲、恩典和溫柔，以及對自己負起全責，其中元素缺一不可。如果無法見容於自己的缺點、允許自己犯錯和跌倒，你就無法真正愛自己。恩典一定存在，但如果你逃避需要承擔的責任，你也不可能愛自己。

我們生活中都有混亂，並不完美卻有價值。我們都會犯錯、都會讓別人失望，但仍然無損自我價值。但混亂需要你承擔責任。你犯錯、讓人失望、傷害別人時，主動承擔責任，正是展現對彼此的愛。你刻意逃避時，就是在告訴自己你依然要表現完美，才能獲得自我價值、歸屬感、安全感和信任感。你刻意逃避

時，就是在告訴自己無法當個被愛的人。

　　在你的整合練習中，你會需要愛自己，也會面對不完美的自己。你發現自己回到舊有慣性時，可能會覺得沮喪或挫敗。你陷入原本想要改變的既有行為時，可能會覺得很羞愧。在這些時刻，你需要提醒自己，愛自己既需要溫柔，也需要當責，既需要恩典、也需要自主，既需要慈悲、也需要責任。

　　你正在療癒的路上，需要你騰出內在空間來包容未來的生命經驗。幾十年後，你就會發現自己忽然成功了。別氣餒！你現在在做的是最美好的功課，你正親身參與自己的療癒。

結論

回顧原生故事，促成強大療癒效果

　　你面對自己所經歷過的痛苦時，也會要面對自己是如何帶給別人痛苦。也許，你沒有重視你的伴侶；也許，你對兒子百般挑剔；也許，你對朋友以退為進。但都要記得溫柔和當責、恩典和自主、慈悲和責任的原則。不懂得善待自己，就不會有好的結果。凡事以愛自己為出發點。

　　我們覺察到自己的缺點時，通常可能會感到強烈的情緒湧現，溫柔看待此事。記住，你是世世代代體系中的一環。你曾受傷、受創、失望和被辜負，但也曾帶給別人創傷和失望，這就是事實。俗話說：「受傷者亦是傷人者。」但具療癒力量的人也有助於療癒別人。即使你無法改變別人，你促成的療癒轉變也會在所處體系中產生共鳴。你做出改變時，就會有人感受到改變，不見得所有人都會喜歡，但絕對會帶來體驗。

　　親愛的讀者朋友，你正在撼動整個體系，正在走出不適用的舊有角色，正在挑戰前人傳遞而來的信仰、價值觀和身分認同。你開始選擇你想相信的內容，你照顧自己的創傷、放慢腳步，好好看見、好好悲傷，給予創傷所需的適當關注和照顧。創傷還會

不時出現，但他們又出現時，你就知道該怎麼做了。

　　你在改變自己應對衝突的方式，並且騰出內在空間，引領自己去連結、療癒，並在自己與伴侶間培養深刻的親密感；你在改變自己溝通的方式，以清楚、直接、良善的溝通取代過去的慣性，尊重自己和別人；你允許自己立下部分界線，即使感到不舒服也沒關係；你開始移除部分界線，再次嘗試與人連結與親近，相信世界上有人願意親近你卻不占你便宜，不會傷害你也不會利用你。你開始付出以上的努力，是因為你敞開了自己，探索你的原生家庭、原生故事和原生創傷。

　　親愛的讀者朋友，你所做的這些功課都非常了不起。你勇敢無畏，也是力量的化身，選擇拾起一地的碎片，替自己開闢一條全新的道路。雖然我們沒有面對面晤談就讀完了這本書，但我真的非常以你為榮。我知道這些功課需要付出的辛苦，因為每個功課我也親力親為。這實在很不容易，但你真的辦到了。

　　希望在整個過程中，你對自己有了新的認識。希望在深入探討你的原生故事後，你能獲得新的觀點，以新的眼光看待自己和別人。剛開始閱讀這本書時，你也許採取成年人的視角，但過程中可能轉換成伴侶的視角、朋友的視角，甚至是父母的視角。你可能在本書分享的故事中看到自己的影子，也可能看到你的父母、伴侶、兄弟姐妹或朋友的影子。這實在太美好了，提醒我們都藏有鮮為人知的生命故事。

　　假如你能這樣看待任何人，特別是這樣看待你關愛的親友，會是多棒的禮物啊！時時提醒自己，他們也曾當過小孩、曾在不完美的家庭中長大，因此受到影響、留下創傷。作家暨學者麥

可·克爾博士（Dr. Michael Kerr）就提供了一個練習，有助我們成為成熟的子女，即把父母當作有血有肉的獨立個體，而不僅僅是父親或母親。他建議我們「把母親當作外婆的女兒，從這個角度來認識她。」

　　想像一下，如果你也可以持續這樣看待自己。提醒自己無論再怎麼痛苦和沮喪，都蘊藏著生命故事，故事底下有精采的過去，不僅渴望你的關注，也值得你花時間陪伴。希望你能持續認識自己的原生故事，其中永遠都有待挖掘的材料。

國家圖書館出版品預行編目（CIP）資料

療癒原生家庭創傷：那些過去不是你的錯，4步驟清理原
生家庭的影響，實質改善當下和未來的生活 / 維耶納・菲倫
（Vienna Pharaon）著，林步昇譯 . -- 第一版 . -- 臺北市：天下
雜誌 , 2024.08
　　面；　公分 . --（心靈成長 ; 111）
譯自：The Origins of You: How Breaking Family Patterns Can
　　　　Liberate the Way We Live and Love
ISBN　978-626-7468-42-5（平裝）
1. CST: 家庭關係　2.CST: 心理創傷　3.CST: 心理輔導
178.3　　　　　　　　　　　　　　　　　　　113012021

心靈成長 111

療癒原生家庭創傷

那些過去不是你的錯，4 步驟清理原生家庭的影響，實質改善當下和未來的生活

THE ORIGINS OF YOU: How Breaking Family Patterns Can Liberate the Way We Live and Love

作　　者／維耶納‧菲倫 Vienna Pharaon
譯　　者／林步昇
封面設計／葉馥儀
內頁排版／林婕瀅
責任編輯／鍾旻錦

天下雜誌群創辦人／殷允芃
天下雜誌董事長／吳迎春
出版部總編輯／吳韻儀
出 版 者／天下雜誌股份有限公司
地　　址／台北市 104 南京東路二段 139 號 11 樓
讀者服務／（02）2662-0332　傳真／（02）2662-6048
天下雜誌 GROUP 網址／ http://www.cw.com.tw
劃撥帳號／ 01895001 天下雜誌股份有限公司
法律顧問／台英國際商務法律事務所‧羅明通律師
製版印刷／中原造像股份有限公司
總 經 銷／大和圖書有限公司　電話／（02）8990-2588
出版日期／ 2024 年 8 月 28 日第一版第一次印行
定　　價／ 380 元

書號：BCCG0111P
ISBN：978-626-7468-42-5（平裝）

直營門市書香花園　台北市建國北路二段 6 巷 11 號　　（02）25061635
天下網路書店 shop.cwbook.com.tw
天下雜誌出版部落格──我讀網 books.cw.com.tw/
天下讀者俱樂部 Facebook www.facebook.com/cwbookclub

本書如有缺頁、破損、裝訂錯誤，請寄回本公司調換